广州美术学院学术著作出版基金资助出版

数字时代品牌建设与传播效能研究

刘鹏宇　张　辉◎著

中国纺织出版社有限公司

内 容 提 要

本书聚焦数字时代品牌建设与传播效能，以用户感知为核心，通过深入研究用户感知与品牌建设的关系，揭示了数字时代背景下用户体验如何影响品牌的形象。同时，本书探讨了传播效能的概念和数字时代传播渠道对效能的影响，强调用户在数字媒体平台上的参与度与反馈的重要性。在品牌建设战略方面，本书关注了品牌定位与用户期望的匹配问题及社交媒体在品牌建设中的战略作用。此外，本书提出了提升用户参与度的策略，以及互动性内容的创新对用户感知的积极影响，深入探讨了用户生成内容与品牌传播之间的关系，为企业在竞争激烈的市场环境中做好品牌建设提供参考。

图书在版编目（CIP）数据

数字时代品牌建设与传播效能研究 / 刘鹏宇，张辉著. -- 北京：中国纺织出版社有限公司，2024. 10.
ISBN 978-7-5229-2247-8

Ⅰ. F272.3

中国国家版本馆 CIP 数据核字第 202432UA62 号

责任编辑：曹炳镝　段子君　　　责任校对：王蕙莹
责任印制：储志伟

中国纺织出版社有限公司出版发行
地址：北京市朝阳区百子湾东里 A407 号楼　邮政编码：100124
销售电话：010—67004422　传真：010—87155801
http://www.c-textilep.com
中国纺织出版社天猫旗舰店
官方微博 http://weibo.com/2119887771
天津千鹤文化传播有限公司印刷　各地新华书店经销
2024 年 10 月第 1 版第 1 次印刷
开本：710 × 1000　1/16　印张：9
字数：210 千字　定价：99.90 元

前言

在数字化时代，品牌建设与传播的方式正在经历着翻天覆地的变化。随着互联网和社交媒体的普及，用户的参与和互动已经成为品牌成功的关键因素之一。在这样的背景下，本书旨在深入探讨数字时代品牌建设与传播的效能，并结合用户感知进行深入研究。

第一章为本书的绪论，介绍研究的背景和动机，阐明研究的意义、范围和限制，以及研究所采用的方法论。在当今数字化时代，消费者的行为和态度受到了新型媒体环境的影响，因此，了解用户感知对品牌建设尤为关键。

第二章着重探讨了数字时代用户感知与品牌建设之间的关系。在这一章节中，我们将探讨数字时代用户感知的重要性，以及用户体验在品牌建设中的作用，进而分析用户感知与品牌形象之间的关系。

第三章深入研究数字时代品牌传播理论，包括传播效能的概念，数字时代传播渠道对效能的影响，用户在数字媒体上的参与度与反馈，以揭示数字时代品牌传播的规律与特点。

第四章聚焦于品牌建设战略与用户感知之间的关系，探讨品牌定位与用户期望之间的关系，分析用户参与品牌故事的建设以及社交媒体在品牌建设战略中的作用，从而为品牌建设提供战略性的思考。

第五章探讨数字时代用户参与与互动的策略。该章节研究提升用户参与度的方法，以及创新与实践互动性内容，社交媒体互动对用户感知的影响，为品牌在数字时代的互动传播提供实用的指导。

第六章探讨用户生成内容与品牌传播之间的关系，定义用户生成内容的概念与形式，探讨其在品牌传播中的作用，并分析品牌如何促进用户生成有利于传播的内容，以提升品牌传播的效能。

第七章介绍数据分析在用户感知评估中的应用，探讨用户感知评估的指标与方法，并提出数据驱动的用户感知优化策略，帮助品牌更好地理解用户需求，提升用户体验。

本书旨在为数字时代品牌建设与传播提供理论支持和实践指导，为品牌在竞争激烈的市场环境中取得成功提供有力的支持。

著者

2024 年 3 月

目录

第一章 绪论

第一节 问题的提出及研究意义

一、当前数字化时代的品牌建设与传播面临的挑战

（一）信息过载和竞争激烈

随着互联网和社交媒体的普及，消费者所接触到的品牌信息呈现出越发庞大的趋势。互联网的飞速发展使得信息传播的速度越加迅猛，而社交媒体的盛行更是让消费者的信息获取渠道变得多样化和便捷化。在这种情况下，消费者可以接收来自各个渠道的品牌信息，而品牌之间的竞争也不再局限于产品和价格，更多地体现在品牌形象、服务质量以及品牌文化等方面。因此，品牌在数字化时代需要面对的挑战不仅是如何提供具有竞争力的产品和服务，更重要的是如何在众多信息中脱颖而出，引起消费者的注意和兴趣。传统的广告宣传方式已经不能满足消费者的需求，品牌需要通过更加创新和个性化的方式来吸引消费者的眼球，打造独特的品牌形象和文化。这不仅包括在广告策略上的创新，还包括品牌在产品设计、用户体验以及社会责任等方面的表现。更进一步地，品牌需要建立与消费者之间的情感联结，通过情感共鸣来加深消费者对品牌的认知和信任。因此，企业如何在信息过载和竞争激烈的环境中脱颖而出，成为当代品牌建设所面临的重要挑战，需要品牌经营者不断探索和创新，以应对激烈的市场竞争。

（二）消费者行为的变化

数字化时代的到来深刻改变了消费者的行为模式和购物方式。消费者不再满足于传统的标准化产品和服务，而是更加注重个性化和定制化的消费体验。他们渴望能够根据自己的需求和喜好来定制产品和服务，以满足他们个性化的消费需求。这种趋势反映了消费者对于自我表达和个性展示的追求，他们希望通过消费

来彰显自己的独特性，而不再满足于传统的大众化产品。

同时，消费者在购物和消费决策过程中更加倾向于利用网络。社交媒体已经成为消费者获取信息、交流购物经验以及分享购物心得的重要平台。在社交媒体上，消费者可以轻松地获取他人的购物体验和对商品的评价，因此他们更加信任和倾向于参考他人的意见。此外，社交媒体还提供了直接与品牌进行互动和沟通的渠道，消费者可以通过社交媒体向品牌提出问题、提供反馈，甚至参与品牌的产品设计和营销活动。

面对消费者行为的这种变化，品牌需要及时调整销售模式，品牌需要通过数字化手段来打造个性化、定制化的产品和服务，提升消费者的购物体验。品牌可以利用大数据技术来分析消费者的购物行为和偏好，从而精准地推送个性化的产品和服务。此外，品牌还需要加强在社交媒体上的存在，积极参与到消费者的社交圈子中，引导消费者的购物决策，并建立起与消费者之间的情感联结和信任关系。

（三）品牌信任危机

在当今网络化的环境下，品牌信任危机已经成为企业面临的重要挑战之一。网络传播的信息中，大量虚假信息和负面评价层出不穷，由于信息的快速传播，这些不良信息往往会迅速扩散，如虚假宣传、产品质量问题等会对品牌形象造成不可忽视的负面影响，消费者对品牌的信任程度因此不断下降。一旦消费者对品牌失去信任，其后果可能是灾难性的，因为重建消费者信任漫长而艰巨。

为了应对品牌信任危机，品牌需要采取一系列有效措施来建立和维护消费者的信任。其一，建立消费者信任的关键在于品牌的诚信和责任感。品牌必须承担起应有的社会责任，保证产品和服务的质量，严格遵守相关法律法规，坚持真实宣传，确保承诺能够兑现。其二，品牌需要积极回应消费者的诉求，与消费者建立起良好的沟通和互动，了解消费者的需求和反馈，及时解决消费者遇到的问题，树立品牌的服务意识和责任感，从而增强消费者对品牌的信任。其三，品牌还需要通过提供优质的产品和服务，树立起良好的品牌形象和信誉。品牌应该以客户满意度为核心，不断提升产品和服务的质量，满足消费者的需求，从而赢得消费者的信任和忠诚。

总的来说，品牌信任危机对于企业来说是一个非常严峻的挑战，但同时也是一个巨大的机遇。品牌采取一系列有效措施，可以克服信任危机，重新树立消费者信任，增强品牌的竞争力和持续发展能力。

二、研究数字时代品牌建设与传播的意义和价值

（一）理论意义

数字时代品牌建设与传播的研究对于品牌管理和营销理论的发展具有重要的理论意义。其一，它可以深入探讨数字化环境下消费者行为的变化和影响因素，揭示消费者在数字时代的购物决策过程、信息获取途径和偏好特点，为消费者行为理论的进一步完善提供了重要线索。其二，研究数字时代品牌建设与传播还可以探讨数字化环境下品牌形象塑造的机制和方法，分析数字媒体对品牌认知、态度和行为的影响机制，为品牌形象塑造理论的进一步深化提供了理论支持。因此，研究相关理论可以不断完善和拓展品牌管理和营销理论，推动相关领域的学术研究不断向前发展。

（二）实践意义

研究数字时代品牌建设与传播对于企业实践具有重要的指导意义。利用数字时代品牌建设与传播的规律和特点，可以为企业提供更有效的品牌管理策略和营销实践指导。其一，企业可以通过研究数字化环境下的消费者行为特点和趋势，精准把握消费者的需求和偏好，提供个性化、定制化的产品和服务，从而提升消费者的满意度和忠诚度。其二，企业可以通过深入研究数字化环境下的品牌传播规律，制定更加有针对性的品牌传播策略，充分利用数字媒体的优势和特点，扩大品牌的曝光度和影响力。因此，研究数字时代品牌建设与传播，可以为企业提供更有效的品牌管理策略和营销实践指导，提升品牌竞争力和市场影响力。

（三）社会意义

数字时代品牌建设与传播的研究不仅影响着企业的经济效益，也直接关系到消费者的利益和社会的发展。其一，品牌的良性发展可以提升消费者的购物体验和生活品质，满足消费者多样化的需求，促进市场的健康发展。其二，数字时代品牌建设与传播的研究有助于加强企业的社会责任意识和行为，推动企业履行社会责任，促进社会的经济稳定和可持续发展。因此，研究数字时代品牌建设与传播，可以促进品牌的良性发展，提升消费者的生活品质，对于社会的经济稳定和可持续发展具有积极的意义。

第二节 研究目的和问题

一、确定研究的目标和价值

（一）探究数字时代品牌建设与传播的新特点

在数字化时代，品牌建设与传播呈现出许多新的特点和规律。其一，数字化环境下的消费者行为和需求发生了深刻变化，消费者更加倾向于通过数字媒体获取信息和进行购物决策，这对品牌建设和传播带来了新的挑战和机遇。其二，数字媒体的兴起使得品牌传播渠道更加多样和便捷，而传统的广告宣传方式已经不能满足消费者的需求，品牌需要寻求更加创新和个性化的传播策略。因此，研究数字时代品牌建设与传播的新特点，有助于我们深入理解数字化环境下品牌管理的新趋势和挑战，为企业提供应对数字时代挑战的有效策略和方法。

（二）提出适应数字时代的品牌管理策略

在数字化时代，企业需要制定更加适应数字环境的品牌管理策略，以提升品牌的竞争力和市场影响力。数字化时代品牌管理的成功经验可以为企业提供实用的管理指导。例如，企业可以通过优化数字营销策略，加强在社交媒体上的存在和互动，提升消费者体验和品牌认知度。同时，企业还可以通过大数据分析等技术手段，精准把握消费者的需求和行为特征，为产品设计和营销活动提供有效的决策支持。因此，研究适应数字时代的品牌管理策略，对于企业提升品牌竞争力和市场影响力具有重要的指导意义。

（三）推动品牌管理理论与实践的结合

品牌管理理论与实践的结合是促进品牌管理领域发展的重要路径。理论研究和实践探索的结合，可以促进品牌管理理论的不断丰富和完善，并将理论知识转化为实践应用的有效方法和策略。例如，研究数字化时代品牌建设与传播的新特点和规律，可以为企业提供更加精准和实用的管理指导，从而促进品牌管理理论与实践的相互促进和发展，推动品牌管理理论与实践的结合，为品牌管理领域的学术研究提供新的思路和方法，推动品牌管理领域的不断进步和发展。

二、界定研究的问题和研究方向

（一）如何理解数字时代品牌建设与传播的新特点和规律

数字化时代品牌建设与传播的新特点和规律是品牌管理领域的重要研究方向之一。其一，我们需要深入理解数字化环境下品牌传播渠道的多样性和便捷性，分析数字媒体对品牌传播的影响机制和效应。其二，我们需要探究数字化时代消费者行为的新特点和趋势，了解消费者在数字环境下的信息获取方式、购物决策过程以及品牌选择依据。此外，还需要关注数字化时代消费者对品牌形象和品牌内容的需求和期待，探索品牌在数字环境下如何塑造与传播自身独特的价值观和品牌故事，以及如何与消费者建立更加紧密的情感联结。

（二）数字化环境下，消费者的行为和态度发生了怎样的变化，对品牌管理有何影响

随着数字化环境的发展，消费者的行为和态度发生了诸多变化，对品牌管理产生了深远影响。其一，消费者更加倾向于通过社交媒体和网络进行购物，这需要品牌增加在数字平台上的曝光机会，以提升消费者对品牌的关注度。其二，消费者对个性化、定制化的产品和服务需求日益增加，品牌需要针对消费者的个性化需求进行精准定位和产品设计，以满足消费者的多样化需求。另外，消费者对品牌的信任程度受到数字环境中虚假信息和负面评价的影响，品牌需要加强信任建设和危机管理，以提升消费者对品牌的信赖度和忠诚度。

（三）如何制定适应数字时代的品牌建设与传播策略，提升品牌的竞争力和市场影响力

在数字时代，制定适应数字环境的品牌建设与传播策略是企业提升品牌竞争力和市场影响力的关键。其一，企业需要了解消费者的数字行为和消费习惯，精准把握消费者的需求和偏好，以及数字媒体对消费者购买决策的影响机制。其二，企业需要充分利用数字媒体平台，开展个性化、定制化的品牌传播活动，提升品牌在数字平台上的曝光度和影响力。其三，企业还需要加强品牌内容和故事的塑造，与消费者建立起真诚、亲近的情感联系，提升消费者对品牌的认知和好感度。最后，企业可以通过大数据分析等技术手段，不断优化品牌建设和传播策略，持续提升品牌的竞争力和市场影响力，实现品牌的长期可持续发展。

第三节　研究范围和限制

一、界定研究范围

（一）研究对象

本研究关注数字时代中的品牌建设与传播活动。研究对象涵盖各行业和不同类型的品牌。研究通过跨行业、跨类型的比较与分析，探讨数字化时代品牌建设与传播的共性和差异。

（二）研究内容

1. 特点分析

本研究围绕数字化时代品牌建设的特点展开讨论。特点分析方面涉及数字化环境下品牌形象塑造的新途径、品牌内容传播的特色、消费者互动参与的新模式等方面。深入挖掘数字化时代品牌建设的特点，可以揭示其独特之处及对品牌管理的影响。

2. 消费者行为研究

本研究关注数字化环境下消费者行为的变化对品牌建设与传播的影响。重点分析消费者在数字化时代获取品牌信息、参与品牌互动、进行购买等方面的变化趋势。研究探索企业如何更好地满足消费者需求，提升品牌与消费者之间的连接。

3. 传播策略探讨

本研究探讨数字化时代品牌传播的策略和实践，重点围绕数字媒体平台的应用、内容营销策略、社交互动策略等展开讨论，通过案例分析和理论探讨，总结适应数字时代的品牌传播策略，为企业提供有效的传播方向和实践指导。

二、研究的限制和局限性

（一）数据限制

由于数字时代的数据涉及范围广泛，诸如社交媒体数据、网络用户行为等大量数据的获取和分析存在一定的困难和限制。部分数据可能受到数据保护法规的限制，或者受到企业内部保密政策的影响，导致研究者无法获取到完整的数据。

（二）理论深度

1. 理论完善度不足

部分数字时代品牌建设与传播的理论尚未完全成熟，存在着一定的理论空白和不确定性。由于数字化环境的快速变化和发展，一些新兴的品牌管理理论尚未经过充分的实践验证，需要在实践中不断验证和完善。

2. 理论适用性局限

由于数字时代品牌建设与传播的复杂性和多样性，现有的理论框架可能无法完全覆盖所有情况。不同行业、不同类型的品牌可能存在着差异性，一些理论在特定情境下的适用性可能存在局限性，需要结合实际情况进行灵活运用和调整。

第四节　研究方法论

为了全面深入地探讨数字化时代品牌建设与传播的问题，本书将采取多角度、多层次的研究路线，通过文献研究、实证研究、案例分析等方法，结合理论探讨与实践案例，从而全面地剖析数字化时代品牌管理的现状、特点及其影响。

一、阐明研究所采用的方法和途径

（一）文献研究法

本研究对数字时代品牌建设与传播的相关文献和案例进行广泛搜集和深入分析，以厘清其基本规律和特点，为后续研究提供理论基础和实践指导。

（二）实证研究法

本研究通过调查问卷和深度访谈等方式获取相关数据，从而进行实证分析，验证理论假设。调查问卷是收集消费者意见和行为数据的有效工具，调查结果揭示了消费者对数字化时代品牌建设和传播的认知、态度和行为，以及消费者在数字化环境下与品牌互动的特点。同时，深度访谈可以深入挖掘个案和细节，了解消费者的深层次的消费需求和动机，为理论假设的验证提供更加丰富和具体的数据支持。实证研究法的优势在于可以使研究者直接观察和分析真实的现象和行为，从而提高研究结果的可信度和说服力。

（三）案例分析

选择典型的数字化时代品牌案例进行深入分析，以丰富研究内容，提高研究的可信度和说服力。通过案例分析，可以深入了解数字时代品牌建设与传播的实践经验和成功案例，为理论研究提供实践验证和案例支持。

二、确保研究科学性和可靠性的方法论选择

多方法结合的使用旨在综合利用定量和定性研究方法，以确保研究结果的科学性和可靠性。定量研究方法通常通过统计分析大量数据揭示其客观规律和趋势，而定性研究方法则更侧重于深入理解和解释现象背后的原因和意义。

在研究数字时代品牌建设与传播时，定量研究方法可以量化消费者对品牌的认知、态度和行为，揭示消费者群体之间的差异和变化趋势，从而为品牌建设和传播提供客观的数据支持。

而定性研究方法则能够帮助我们深入理解数字化时代消费者行为背后的动机和意义。深度访谈、内容分析等方式可以揭示消费者对品牌的情感联结、个人体验和文化认同，从而揭示数字时代品牌建设与传播的深层次特征和内在规律。

将定量和定性方法相结合，可以弥补各自方法的局限性，从而提高研究的全面性和准确性。多方法结合的研究可以更全面地解释数字时代品牌建设与传播的复杂性和多样性，为品牌管理实践提供更有效的理论支持和实践指导。

第二章　用户感知与品牌建设

第一节　数字时代用户感知的重要性

一、数字时代用户感知对品牌建设的重要性

（一）用户感知对品牌态度和行为的影响

1. 用户感知对品牌态度的塑造

数字化时代的用户更加倾向于通过自身的感知来形成对品牌的态度。他们通过品牌的产品质量、服务体验以及与品牌相关的信息来评估品牌的价值和可信度。当用户感知到品牌的产品质量优秀、服务体验良好时，他们往往会对该品牌抱有积极的态度。这种积极态度不仅会促使他们购买该品牌的产品或服务，还会使他们成为该品牌的忠实支持者。

2. 用户感知对品牌行为的影响

用户的感知直接影响着其对品牌的行为。当用户感知到品牌存在质量问题或服务不周时，他们可能会采取消极的行为，例如选择竞争对手的产品或服务，甚至在社交媒体上发表负面评论，从而影响其他用户的购买决策。因此，品牌在数字化时代需要更加重视用户对品牌的感知，及时回应用户的需求和反馈，以保持良好的品牌形象和声誉。

3. 用户感知的影响机制

用户感知对品牌态度和行为的影响是通过一系列复杂的心理和社会机制实现的。一是，用户的感知会受到品牌营销活动、产品质量和服务体验等因素的影响。二是，个人偏好、文化背景和社会环境也会对用户的感知产生影响。三是，用户的感知会通过认知加工和情感连接等过程影响其对品牌的态度和行为。因此，品牌在制订营销策略时需要综合考虑这些影响因素，以更好地塑造用户的感知，促

进品牌建设的持续发展。

（二）用户感知对品牌形象和声誉的直接影响

1. 用户感知对品牌形象的塑造

用户感知直接决定品牌的形象。在数字化时代，用户通过互联网、社交媒体等渠道获取品牌相关信息，从而形成对品牌的认知和评价。良好的用户感知能够帮助品牌树立积极的形象，提升品牌在用户心目中的地位，使用户对该品牌抱有信任和好感。

2. 用户感知对品牌声誉的维护

用户感知对品牌声誉的维护至关重要。在数字化时代，用户通过社交媒体分享自己的购买体验和观点，这些信息往往会对其他用户产生影响。因此，品牌需要通过提供优质的产品和服务，并积极回应用户的需求和反馈，以维护良好的用户感知和品牌声誉。当用户感知到品牌的形象和声誉良好时，他们往往会成为品牌的忠实支持者，并传播积极的品牌形象，从而吸引更多的潜在用户。

3. 用户感知对品牌影响的传播渠道

用户感知对品牌形象和声誉的影响通常通过各种渠道进行传播。在数字化时代，互联网、社交媒体、口碑传播等成为用户获取品牌信息和表达观点的重要渠道。品牌需要通过这些传播渠道积极管理用户的感知，及时回应用户的需求和反馈，以维护良好的品牌形象和声誉，促进品牌的长期发展。

4. 用户感知与品牌的社会责任

在数字化时代，用户对品牌的感知不仅仅局限于产品质量和服务体验，还包括品牌的社会责任感。当用户感知到品牌在环保、公益事业等方面积极履行社会责任时，他们往往会对品牌抱有更加积极的态度，并愿意支持该品牌的产品或服务。

二、数字时代用户感知的影响因素和机制

（一）品牌营销活动对用户感知的影响

品牌营销活动对用户感知的影响主要通过以下几个机制实现：其一，品牌营销活动使品牌能够在用户心中建立起积极的品牌形象，提升品牌的认知度和好感度；其二，品牌营销活动能够激发用户的购买欲望，促使用户产生购买行为；其三，品牌营销活动还能够加强用户对品牌的认同感和情感联结，使用户愿意成为

品牌的忠实支持者，从而增强品牌的市场表现力和竞争力。

1. 广告的影响

品牌通过广告向用户传递信息，塑造品牌形象。创意广告能够提升用户对品牌的认知度和好感度。例如，故事性的广告内容或者能引起情感共鸣的广告形式，能够更好地触及用户情感，从而影响用户对品牌的感知和态度。

2. 促销活动的影响

品牌的促销活动能够激发用户的购买欲望。例如，限时折扣、特价促销等活动能够吸引用户注意，并促使用户做出购买决策。优惠活动不仅提升了用户对品牌产品的认知，也增强了用户对品牌的好感度，从而影响其购买行为和忠诚度。

3. 赞助活动的影响

品牌通过赞助活动增强用户对品牌的认同感。例如，品牌赞助体育赛事、文化活动等，能够使品牌与用户的生活场景联系紧密，加强品牌与用户之间的情感联结，从而影响用户对品牌的感知和态度。

（二）社交媒体传播对用户感知的影响

社交媒体已经成为用户获取信息、表达观点、分享体验的重要平台。品牌在社交媒体上的形象和声誉往往会受到用户的广泛关注和讨论。例如，用户在社交媒体上看到了一篇关于某品牌产品的正面评价或赞赏，他们很可能会对该品牌产生积极的感知，反之亦然。

社交媒体传播对用户感知的影响主要通过以下几个机制实现：其一，社交媒体上的用户评论和分享能够影响其他用户的感知和态度，从而影响品牌的形象和声誉；其二，社交媒体平台上的内容和互动能够加强用户与品牌之间的互动，从而影响用户对品牌的认同感和忠诚度；其三，品牌能够更加直接地了解用户的需求和反馈，并及时调整营销策略和产品设计，从而提升用户对品牌的满意度和好感度。

（三）个人偏好、文化背景、宏观经济环境对用户感知的影响

1. 个人偏好对用户感知的影响

个人偏好是影响用户感知的重要因素之一。不同的个体具有不同的价值观和认知偏好，他们对品牌的感知也会有所差异。例如，一些用户可能更注重品牌的环保理念和社会责任感，而另一些用户可能更关注产品的性能和价格。个人偏好会影响用户对品牌的态度和行为，进而影响品牌的市场表现和竞争力。

2. 文化背景对用户感知的影响

文化背景也是影响用户感知的重要因素之一。不同文化背景的用户在品牌认知、消费行为等方面存在差异，这些差异直接影响用户对品牌的感知和态度。例如，东方文化和西方文化对品牌忠诚度、品牌形象等方面有着不同的理解和要求，因此品牌在不同文化背景下需要采取不同的营销策略和传播方式。

3. 社会环境对用户感知的影响

社会环境同样会对用户感知产生影响。社会经济状况、时事热点等因素会影响用户的消费心理和行为，进而影响其对品牌的感知和态度。例如，经济不景气时，用户可能更注重品牌的性价比和实用性；而在经济蓬勃发展的情况下，用户可能更注重品牌的情感价值和社会责任感。

4. 个人偏好、文化背景、宏观经济环境对用户感知的综合影响

个人偏好、文化背景和宏观经济环境是相互交织、相互作用的，它们共同影响用户对品牌的感知和态度。品牌需要根据不同用户群体的不同偏好制订相应的营销策略，以满足用户的需求和期待，提升用户对品牌的认同感和忠诚度，实现品牌的长期发展。

第二节　品牌建设中的用户体验

一、品牌建设中用户体验的概念和要素

（一）用户体验的概念

用户体验是品牌建设和产品设计领域中的关键概念，涵盖了用户在与品牌或产品互动和接触的过程中所产生的感受、情感和认知。这种体验不仅仅是用户对产品或服务的直接感知，还包括用户与品牌的情感联结。用户体验的核心在于用户的感受，包括对产品或服务的满意度、舒适度、便利性等方面的评价。在数字时代，用户体验的重要性日益凸显，因为消费者不仅对产品或服务本身的质量和功能提出了更高的要求，还更加注重与品牌之间的情感互动和认同感。

在品牌建设中，提供优质的用户体验是塑造品牌形象、增强品牌竞争力的关键因素之一。品牌通过提供令用户满意的产品和服务，能够增强用户对品牌的好感度和信任度，进而提升用户对品牌的忠诚度。用户体验不仅仅局限于产品或服

务本身的质量和功能，还包括用户与品牌之间的情感交流。良好的用户体验能够增强用户对品牌的认同感，使其产生更深层次的情感联结，从而建立起稳固的品牌忠诚度。

（二）用户体验的要素

用户体验的要素包括但不限于以下几个方面：

1. 产品或服务质量

产品或服务的质量是用户体验的基础。优质的产品或服务能够满足用户的需求，提供良好的使用体验，从而增强用户对品牌的好感度。产品质量不仅包括产品的功能，还包括产品的耐用性、安全性等方面。服务质量则涵盖了服务的及时性、专业性和周到性等方面。品牌通过提供高质量的产品和服务，能够赢得用户的信赖和支持，从而提升用户的满意度和忠诚度。

2. 情感联结

情感联结是用户体验中至关重要的要素之一。品牌与用户之间的情感联结能够增强用户对品牌的认同感和忠诚度。品牌通过品牌的故事、文化内涵以及品牌与用户之间的情感互动，能够与用户建立起情感共鸣，使用户产生深层次的情感联结。情感联结能够让用户更加愿意选择该品牌的产品或服务，并将该品牌推荐给他人，从而扩大品牌的影响力和提升品牌的市场份额。

3. 购物环境

购物环境是影响用户购物体验的重要因素之一。良好的购物环境能够提升用户的购物体验，增强用户对品牌的好感度。线上购物平台的界面设计、页面布局、商品展示等都能够影响用户的购物情绪和体验。而线下门店的陈列布局、装修风格、氛围营造等也同样能够影响用户的购物体验。舒适、温馨、有趣的购物环境能够吸引更多的顾客，从而提升销售额和品牌美誉度。

4. 服务体验

服务体验是用户体验的重要组成部分。用户在购买产品或使用服务的过程中所获得的服务体验直接影响用户的满意度和忠诚度。友好周到的售前咨询服务、高效便捷的购买流程、个性化定制的售后服务等能够让用户感受到品牌的关怀和专业性，从而增强用户对品牌的好感度和信赖度。良好的服务体验能够促使用户再次购买，甚至成为品牌的忠实粉丝，从而为品牌带来持续的商业价值。

5. 沟通和互动

品牌与用户之间的沟通和互动也是用户体验的重要组成部分。品牌通过社交媒体平台、客户服务热线等渠道，能够与用户保持密切的联系，及时了解用户的需求和反馈，从而改善用户体验。有效的沟通和互动能够增强用户对品牌的参与度和归属感，使用户感受到自己被重视和尊重，从而增强对品牌的好感度和忠诚度。品牌应当重视用户的反馈意见，积极与用户互动，从而建立良好的品牌形象和口碑。

二、提升用户体验的策略和方法

（一）优化产品设计

1. 用户研究和需求分析

对用户进行深入研究和需求分析，可以了解用户的实际需求和偏好，为产品设计提供有效的指导和依据。而用户反馈可以揭露产品存在的问题和可改进的空间。

2. 人性化设计

企业设计产品时注重人性化，考虑用户的心理和行为特征，使产品更加符合用户的认知和操作习惯。例如，采用直观、简单的界面设计，减少用户的学习成本和操作难度。

3. 多元化选择

企业提供多元化的产品选择，满足不同用户群体的需求和偏好。例如，推出不同规格、不同颜色、不同功能的产品，让用户可以根据个人喜好进行选择。

4. 持续改进和更新

企业不断改进和更新产品，跟进市场趋势和技术发展，保持产品的竞争力和吸引力，通过持续的产品迭代和更新，不断提升产品的性能和用户体验。

（二）提升服务质量

1. 员工培训和素质提升

企业应对员工进行专业的培训和素质提升，提高其服务意识和服务水平。员工应具备良好的沟通技巧、解决问题的能力和服务态度，以确保提供优质的服务。

2. 建立完善的服务体系

企业应建立完善的客户服务体系，包括售前咨询、售中服务和售后支持等环节，确保用户在购买产品或使用服务的整个过程中都能够得到及时、专业的服务支持。

3. 客户反馈和问题解决

企业应建立有效的客户反馈机制，及时收集用户的意见和建议，并积极解决用户提出的问题和困扰。与用户的沟通和互动可以帮助企业不断改进服务质量，提升用户满意度。

4. 个性化服务定制

企业应提供个性化的服务，根据用户的需求和偏好，为其量身定制符合其需求的产品和服务。个性化服务能够提升用户的满意度和忠诚度，改进用户体验。

（三）营造愉悦的购物环境

线上购物体验优化，即对线上购物平台进行界面设计进行优化，提升用户的购物体验。包括对页面布局、导航设计、搜索功能等方面的改进，让用户能够更轻松地找到所需商品。

而对线下门店需精心设计商品陈列和门店装修，营造舒适、温馨的购物氛围。合理的空间布局、良好的灯光效果和音乐氛围可以提升用户在店内的购物体验。此外，在购物环境中增加互动元素，如试用区、体验区等，让用户可以更直接地感受产品的性能，提升购物的乐趣和体验。

（四）利用科技手段提供个性化体验

1. 大数据分析和个性化推荐

企业借助大数据分析技术，了解用户的偏好和行为习惯，为用户提供个性化的产品推荐和服务定制。精准的产品推荐系统可以提升用户的购物体验和满意度。

2. 人工智能和智能客服

企业引入人工智能技术，搭建智能客服系统，为用户提供 24 小时在线的智能咨询和服务支持。智能客服能够及时解答用户的问题，提供个性化的服务体验。

（五）持续改进和创新

1. 用户反馈和改进机制

企业建立有效的用户反馈机制，鼓励用户提出意见和建议，并及时跟进和改进产品和服务，以满足用户的需求和期待。

2. 持续创新和产品迭代更新

创新是持续提升用户体验的关键。品牌应当保持敏锐的市场洞察力，不断进行产品和服务的创新，以应对市场和用户需求的变化，提升用户体验的质量和水平，以保持竞争优势。

三、典型案例分析

（一）案例背景

某档案文创公司是一家专注于开发和销售档案文创产品的企业。该公司的产品主要包括历史文献书籍、纪念品、文创衍生品等，涵盖了不同历史时期和主题的档案内容，如古代文物、近现代历史、文化遗产等。

该公司的目标群体主要包括历史爱好者、文化艺术爱好者、学生群体、收藏爱好者等，他们对档案文化有着浓厚的兴趣和需求，希望通过档案文创产品获取历史知识，体验文化魅力。

（二）用户需求画像概述

1. 用户画像概念

用户画像，最初是由交互设计领域的专家库珀（ Cooper）提出，它是建立在真实用户数据基础上的目标用户模型。在中国学者的研究中，用户画像被定义为将用户的社会属性、生活习惯、消费行为等数据，通过标签化的方式，勾画出用户的信息全貌。此外，一些学者将用户画像视为一种在大数据环境下的用户信息标签化方法。大数据为企业勾勒用户画像提供了充足的数据基础。

用户画像在不同领域会有不同的侧重点。用户画像根据数据源内容的不同，能够展现用户不同方面的特征，从而为企业和组织提供有针对性的服务和决策支持。

2. 档案文创产品用户需求画像的必要性

（1）掌握用户需求数据以满足公众的档案文化需求

档案文化创意产品作为一种精神消费产品，以档案中的历史文化信息为基础，通过转化为易于接受的文化产品来展现档案的价值。但是，当前档案文创产品普遍存在同质性高的问题，这主要是因为企业对用户需求的分析不足，导致了盲目从众和随大流的现象。因此，要更好地满足公众的档案文化需求，必须深入分析和掌握用户需求，并根据用户的反馈不断改进档案文创产品，以获得更广阔的发展空间。

用户需求画像可以更准确地反映用户对于档案文创产品的偏好和期待。品牌根据用户需求画像可以评估用户对特定类型档案文创产品的满意度，并据此进行产品和服务的改进，以更好地满足公众对档案文化的需求。品牌持续地优化和调整档案文创产品可以提高其吸引力和竞争力，实现可持续发展。

（2）有利于开发馆藏档案资源

我国各级档案馆所收藏的档案资源十分丰富。例如，中国第一历史档案馆保管的明清历史档案1000余万件，上海市档案馆拥有240万卷的丰富馆藏档案，保存了完整的上海城市记忆等。然而，目前我国档案资源的开发状况并不乐观。针对这一情况，研究档案文创产品的用户需求画像具有重要意义，因为它能够深入挖掘用户的需求特点和趋势，为档案工作者提供明确的开发方向。

用户需求画像能够为档案工作者提供宝贵的参考信息，使其了解用户对于何种档案文创产品有需求。在此基础上，档案工作者可以有针对性地开发和挖掘档案资源，设计出更受社会公众欢迎的档案文创产品。只有真正满足了用户的需求，档案文创产品才能够更好地传播档案的历史价值和文化内涵，实现档案资源的有效开发与充分利用。

（3）有助于向公众展现档案价值

我国档案馆所收藏的历史文化档案大多属于高龄档案，为了保护这些宝贵资源并延长其寿命，原件通常不能直接给公众使用。档案文创产品的出现成为了解决这些问题的一种有效方式。

档案文创产品能够从档案资源中提取有价值的历史文化信息，并通过创意设计与各类载体相结合，以更加便捷的形式提供给不同的使用者。目前，我国开发的档案文创产品涵盖了生活类和与学习工作相关的各种产品。这些产品不仅贴近公众的日常生活和学习工作，还能够让人们更加直观地感受档案资源的丰富内涵和历史价值。通过档案文创产品，公众可以更轻松地了解和体验档案资源所蕴含的历史文化底蕴，从而提升公众对档案价值的认知和理解。

（三）档案文创产品的用户需求画像构建

1. 数据处理

数据获取是构建档案文创产品用户需求画像的前提，为搜集相关数据，作者将运用相关软件对数据进行爬取，并对数据进行清洗。

（1）数据来源与工具

为了调查和统计具体的档案文创产品情况，在此选择了一些典型的产品进行分析，包括北京台的电视台节目《档案》、北京档案馆出版的《北京档案史料》、云南省档案馆出版的《山水茶事·别样云南》以及故宫博物院开发的系列档案文创产品。分析结果显示故宫博物院的档案文创产品销售量较大，且有统一稳定的销售平台，而其他档案文创产品的销售情况较为不理想，也缺乏统一的销售平台，因此无法进行数据分析。

为了更全面地分析档案文创产品的用户评论数据，笔者选取了两种不同功用的产品作为研究对象，即生活用品和文具用品。这些产品包括故宫博物院根据雍正奏折、御批档案开发的四款档案文创产品。这些产品分别是：似书是本——朕这一年记事本、无论何时何地都要多喝水啊——雍正御批骨瓷杯、朕亦甚想你——雍正御批系列大号绢布古风折扇。

为了采集和清洗用户评论数据，在此选择了“集搜客 Goo Seeker”（以下简称集搜客）大数据软件，以对数据进行快速采集、分词标引和标签词选择。

（2）数据收集

这四款产品均在电商平台淘宝上销售，但由于淘宝平台对评论的折叠限制，无法一次性获取全部评论数据。因此，本次所获取的用户评论是淘宝平台上显示的所有数据。

截至 2020 年 2 月 6 日，数据爬取软件获取到以下用户评论数据：“似书是本——朕这一年记事本”182 条、“无论何时何地都要多喝水啊——雍正御批骨瓷杯”556 条、“朕亦甚想你——雍正御批系列大号绢布古风折扇”266 条。

（3）数据清洗

在进行数据分析之前，需要对获取到的用户评论数据进行清洗，以排除无效评论信息。由于淘宝平台对评论显示数量有限制，并且为保护用户个人信息，评论日期和买家昵称等信息对本研究意义不大，因此只对评论的内容信息进行分析。

此外，评论数据存在一些无效数据，包括淘宝系统自动生成的默认好评信息，以及重复评论和与产品无关的评论。笔者对获取到的用户评论信息进行了筛选，并删除了以上的无效评论信息。

经过数据清洗后，共得到了 902 条用户评论数据。其中，“无论何时何地都要多喝水啊——雍正御批骨瓷杯”的用户评论数据有 497 条，以及“朕亦甚想你——雍正御批系列大号绢布古风折扇”的 244 条，“似书是本——朕这一年记事本”的用户评论 161 条。

2. 用户需求画像构建过程

（1）构建方法

用户画像的构建方法有多种，在选择构建方法时，需要考虑构建的目的、数据分析能力、用户数据量、资金等因素，并评估各种方法的性能、优缺点以及成本。

基于主题或话题的用户画像构建方法对文本或关键词出现的顺序不敏感，主要依据文本或关键词的频数来挖掘隐含信息，并构建用户需求画像。笔者运用集搜客大数据软件的分词标引功能对获取到的用户评论数据进行了分词处理，并选取标签词进行进一步分析。

（2）标签词抽取

在整理了四款档案文创产品用户评论数据后，将数据导入了“集搜客”大数据软件，对用户评论数据进行了智能分词处理。分词的结果即是从用户评论中提取出的标签词，这些标签词在很大程度上能够代表该评论所表达的主要内容。根据分词结果，笔者选取了频数大于三的标签词作为以上四款档案文创产品用户需求画像的标签基础。表 2-1 展示了四款档案文创产品的选词结果模式。

表 2-1 “似书是本——朕这一年记事本”选词结果

标签词	词频	标签词	词频
喜欢	50	送给	6
不错	28	精致	6
本子	27	纸质	6
好看	16	内页	5
很厚	16	包装	5
质量	15	漂亮	5
故宫	15	做工	4
还行	12	设计	4
质感	11	颜色	4
朋友	11	好评	4
笔记本	10	手感	3
雍正	9	发货	3
特别	9	可爱	3
纸张	9	奏折	3
快递	9	生日礼物	3
厚实	8	皇帝	3
满意	8	封皮	3
客服	8	很棒	3

3. 用户需求画像分析

（1）用户情感呈积极态势

从用户需求画像中可以观察到，大部分用户对这四款档案文创产品持积极态度，表现出对产品的认可和满意。在用户评论中，出现频率较高的词语如“喜欢”“不错”等，这些积极的词汇占据了主导地位。这反映了用户对产品的整体感受是积极的，认可度较高，说明这些产品在满足用户的期望方面表现良好。

（2）注重产品整体质量

用户在评论中对产品的质量表达了较高的关注度。诸如“好看”“质量”“精致”“厚实”“设计”“手感”等词语在用户需求画像中频繁出现，说明用户对产品的品质十分关注。用户对产品的质量有较高的期待，他们希望产品在外观设计、材质、包装等方面都能够达到较高的标准。这也意味着，企业在产品开发和设计过程中，需要着重考虑产品的质量，以满足用户的期待。

（3）用户购买用途明显

用户需求画像中出现了一些与购买用途相关的词汇，如“送礼物”“朋友”“生日礼物”“新年礼物”等。这表明用户购买这些档案文创产品的主要目的之一是用作礼物。这些产品具有独特的历史文化特色和精致的外观设计，是不错的礼品选择。用户将这些产品作为礼物赠送给朋友、家人或同事，以表达情感，传递文化，满足自身的文化追求。因此，在产品设计和营销方面，需要考虑这一用户需求，进一步推广产品的礼品化属性，扩大产品的市场需求。

（四）基于用户需求画像的档案文创产品开发路径

1. 利用用户画像，分析用户情感趋势

用户需求画像是档案文创产品开发的重要参考之一。企业通过分析用户需求画像中的情感趋势，可以洞察用户对产品的态度和情感倾向，从而进一步开发和改进产品。在当前的档案文创产品中，用户对产品的情感呈现积极态度，这为档案部门提供了有利的市场环境。用户对产品的积极评价反映了他们对这类产品的认可和喜爱，这种情感趋势对于档案文创产品的未来发展具有积极的指导意义。

2. 关注产品质量以及相关服务质量

用户对档案文创产品的质量和相关服务的质量非常关注。产品的质量直接关系到用户的体验和满意度，而服务质量则能够影响用户的购买决策和品牌形象。因此，在档案文创产品的开发过程中，档案部门需要将产品质量放在首位，严格把控产品的设计、原材料选择、加工工艺等环节。同时，档案部门也需要重视客户服务，提供及时有效的售前咨询和售后服务，确保用户在购买和使用过程中能够获得良好的体验。

3. 以用户购买用途为设计出发点

用户将档案文创产品作为礼物赠送的需求较为明显。因此，在产品的设计和营销过程中，档案部门需要充分考虑到这一用户需求，设计出具有礼品属性的产品，如礼盒套装、定制贺卡等，以满足用户的赠送需求。

4. 定期分析用户需求数据，及时调整发展战略

用户需求是动态变化的，档案部门需要定期分析用户需求数据，及时调整产品开发和市场营销策略。定期更新用户需求画像，可以帮助档案部门更准确地把握用户需求的变化趋势，及时作出相应的调整和改进。同时，档案部门还可以借助各类数据分析软件和技术，对用户数据进行综合分析，以更全面地了解用户的需求和行为，促进档案文创产品的持续发展。

第三节 用户感知与品牌形象的关系

一、品牌传播与用户感知

（一）品牌传播的重要性

1. 品牌传播的定义

品牌传播是指企业通过各种渠道和方式向目标受众传递品牌信息和形象的过程。它不仅仅是简单地向用户推销产品或服务，更重要的是通过传递品牌的理念、文化、核心价值观等内容，建立用户对品牌的认知和信任，从而塑造品牌的形象和地位。

2. 品牌传播的作用

品牌传播在市场营销中具有至关重要的作用。

（1）建立品牌认知度

品牌传播是企业向用户传递品牌信息和形象的过程。企业通过广告、促销等方式将品牌信息传递给用户，提高品牌的知名度，有利于品牌在市场上脱颖而出，吸引更多的潜在客户，为企业带来更多的商业机会。

（2）塑造品牌形象

品牌形象是用户对品牌的整体印象和认知，是品牌在用户心目中的形象和地位。品牌通过传播品牌的文化、价值观、产品特点等内容，可以塑造品牌的形象，使用户对品牌产生好感和信任。良好的品牌形象有助于提升用户对品牌的忠诚度，增强品牌的竞争力。

（3）提升品牌价值

有效的品牌传播能够提升品牌的市场价值和竞争力，为企业带来更多的商业机会和利益，从而增加品牌的市场份额和销售额，提升品牌的市场地位和商业价值。

3. 品牌传播的手段

品牌传播的手段多种多样，具体包括以下方式。

（1）广告宣传

广告宣传是最常见、最直接的品牌传播手段之一。企业可以通过电视、广播、报纸、杂志、互联网等各种媒体进行广告投放，向用户传递品牌信息和产品特点。广告宣传可以覆盖广泛的受众群体，提高品牌的知名度和认知度。

（2）公关活动

公关活动是指企业通过组织各类活动，如举办新品发布会、参加行业展览、赞助公益活动等方式，提升品牌形象和声誉。企业可以通过公关活动加强与用户和社会的沟通与互动，塑造良好的品牌形象。

（3）网络营销

随着互联网的发展，网络营销已成为品牌传播的重要手段之一。企业可以通过建立官方网站、社交媒体账号开展品牌推广和营销活动，与用户直接互动和沟通，提升品牌的知名度和美誉度。

（4）促销策略

促销策略是通过特价促销、满减活动、礼品赠送等方式吸引用户关注和购买。企业可以通过定期举办促销活动，吸引更多的用户购买产品和服务，增加销售额和市场份额，提升品牌的竞争力和影响力。

（5）口碑营销

口碑营销是通过用户口口相传的方式传播品牌信息和形象。企业可以通过提供优质的产品和服务，赢得用户的好评，建立起良好的品牌口碑，吸引更多的用户关注和信赖。

（二）用户感知对品牌传播的影响

用户感知是用户对品牌传播信息的接受和理解，是用户对品牌形象形成的基础。用户的感知会受到品牌传播内容、形式和效果的影响，不同的传播方式和内容会产生不同的感知效果，进而影响用户对品牌的态度和评价。

1. 用户感知与品牌认知

用户的感知直接影响着他们对品牌的认知水平和态度。如果用户对品牌传播信息的接受程度高，理解程度深，那么他们对品牌的认知将更加积极和正面；反之，如果用户感知不佳，可能会产生误解或负面情绪，将会影响他们对品牌的认可度和信任度。

2. 用户感知与品牌形象建构

用户的感知是构建品牌形象的重要因素之一。用户通过接受品牌传播信息、体验产品或服务等方式形成对品牌的感知，这些感知在一定程度上决定了用户对品牌的态度和评价，从而影响品牌形象的塑造和发展。

（三）品牌传播策略与用户感知的匹配性

1. 品牌传播策略的确定

企业在制订品牌传播策略时，应该充分考虑用户的感知水平和认知能力，以确保传播信息能够被用户理解和接受。品牌传播策略应该与用户的文化背景、价值观念、消费习惯等因素相匹配，精准定位目标受众。企业选择合适的传播渠道和内容，可以提高传播效果，增强用户对品牌的认知和好感度。

2. 品牌传播策略与用户感知的协调

品牌传播策略与用户感知应该保持一致性和协调性，避免出现信息传递失真的情况。企业需要根据用户的反馈和评价及时调整传播策略，不断优化品牌形象，提升用户的认可度和忠诚度，增强品牌的市场竞争力。

二、产品质量与用户感知

产品质量作为一个品牌形象中至关重要的组成部分，直接影响着用户的使用体验和满意度。一个品牌的产品质量良好，就能够赢得用户的信任和好评，进而塑造积极的品牌形象；而低质量的产品则会导致用户的不满和抱怨，损害品牌的声誉和形象。因此，企业需要重视产品质量的把控和提升，确保产品能够满足用户的需求和期望，从而提升品牌的竞争力和市场地位。

（一）影响产品质量的因素

1. 设计水平

优秀的设计能够提升产品的使用价值和用户体验。因此，企业需要在产品设计阶段注重创新和优化，确保产品能够满足市场需求和用户期望。

2. 材料选择

优质的原材料是保证产品质量的基础，能够保证产品的稳定性和耐用性。企业应该选择可靠的供应商，并进行严格的原材料检验，确保产品使用的材料符合质量标准。

3. 生产工艺

生产工艺的精良程度直接影响产品的制造质量和成本。企业需要采用先进的生产工艺和设备，确保产品在生产的每一个环节都符合质量标准，避免因为工艺问题导致产品质量不稳定。

4. 品质管理

严格的品质管理制度是保证产品质量稳定性的重要保障。企业应建立健全的品质管理体系，制定严格的质量管理标准和流程，加强对生产过程的监控和控制，及时发现和解决质量问题，确保产品的合格率和稳定性。

（二）品质量与品牌形象

优质的产品能够赢得用户的认可和信赖，形成良好的品牌形象。其一，优质的产品能够提升用户的使用体验和满意度，满足用户的需求和期望，从而增强用户对品牌的好感度和忠诚度。其二，优质的产品能够赢得用户的口碑和推荐，带动品牌的口碑传播和用户增长，提升品牌的知名度和美誉度。其三，优质的产品能够减少售后问题和客户投诉，降低品牌的维护成本，提高品牌的竞争力和市场地位。

相反，低质量的产品会导致用户的不满和抱怨，损害品牌的声誉和形象。用户可能会对品牌产生负面评价，影响其他用户的购买决策，导致品牌形象受损和市场份额下降。因此，企业需要加强对产品质量的管理和提升，确保产品能够满足用户的需求和期望，赢得用户的信任和支持，从而提升品牌的竞争力和市场地位。

三、服务体验与用户感知

（一）用户反馈的重要性

1. 了解用户需求和期望

用户的反馈和评价是企业了解用户感知和需求的重要途径之一。企业通过分析用户的反馈信息，可以深入了解用户对产品和服务的满意度、不满意度以及期望，帮助企业更好地理解用户的需求和偏好，为产品和服务的优化提供指导。

2. 发现问题并及时解决

用户的反馈可以帮助企业及时发现产品和服务中存在的问题和不足之处。企业通过分析用户的反馈意见，可以迅速定位问题所在，采取有效的措施加以解决，提升产品质量和服务水平，增强用户的满意度和忠诚度。

3. 调整品牌形象和市场策略

用户的反馈也可以为企业调整品牌形象和市场策略提供重要参考。企业通过分析用户的反馈意见，可以了解用户对品牌形象和市场活动的评价，及时调整品牌传播策略，优化营销方案，提升品牌形象和市场竞争力。

（二）品牌形象的调整与优化

1. 改进产品质量

根据用户的反馈意见，企业可以针对产品存在的质量问题进行改进和优化，提升产品的质量和性能，满足用户的需求和期望，增强用户对品牌的信任和好感度，从而提升品牌形象和市场竞争力。

2. 优化服务体验

用户的反馈也可以为企业优化售前、售中和售后服务提供指导。企业通过改进服务流程、提升服务效率、加强客户沟通等方式，提升用户的服务体验，增强用户对品牌的满意度和忠诚度，形成积极的品牌形象。

3. 调整品牌传播策略

根据用户的反馈意见和市场变化，企业可以调整品牌传播策略，优化品牌形象和市场营销效果。企业选择合适的传播渠道、传播内容和形式，可以提升品牌的曝光度和影响力，增强用户对品牌的认知和好感度，从而推动品牌的长期发展。

第三章 数字时代品牌传播理论

第一节 传播效能的概念

一、传播效能的内涵和特点

传播效能是指传播活动达到预期目标的程度，包括信息传递的准确性、传播内容的吸引力、受众对传播内容的接受程度以及对受众行为的影响力等方面。

（一）传播效能的目标导向性

1. 传播目标的明确性

（1）传播目标的具体化

传播效能的目标导向性首先体现在对传播活动目标的具体化上。明确的传播目标有助于指导传播策略的制订和实施，并为后续的评价和监测提供清晰的标准。例如，在营销传播中，目标可以明确为提高产品销量或提升品牌认知度。

（2）目标与战略的一致性

传播目标还要与传播策略一致。即制订的传播目标应该与采取的传播策略相匹配，以确保资源的有效利用和传播效果的最大化。例如，如果传播目标是提高产品销量，那么相应的传播策略可能包括增加广告投放、促销活动等措施，以吸引更多消费者购买。

（3）目标的可量化与可衡量性

传播目标的明确性还要求目标具有可量化和可衡量的特征，便于后续的评价和监测。这意味着传播目标需要具体到可以通过数据或指标来衡量的程度。例如，将目标设定为提高品牌知名度，可以通过调查问卷、市场调研等方法来衡量品牌知名度的变化情况。

2. 评价标准的针对性

（1）针对不同阶段的评价指标

传播效能的目标导向性要求企业在不同阶段选择合适的评价指标。在传播活动的不同阶段，受众关注的重点和评价标准可能会有所不同。例如，在传播活动的初期，企业可以侧重于评价信息传递的准确性和传播内容的吸引力；而在后期，企业则更关注受众对内容的接受程度和行为的影响力。

（2）考虑传播目标的特征

评价标准的针对性还应考虑传播目标的特征。不同的传播目标可能对应不同的评价指标。例如，传播目标如果是提高产品销量，评价标准可能包括销售额的增长、市场份额的提升等；而传播目标如果是改变受众的态度，评价标准可能包括受众调查、焦点小组讨论等。

（3）结合传播渠道的特点

评价标准的针对性还应结合传播渠道的特点。不同的传播渠道可能对应不同的评价指标。例如，对于传统媒体渠道，评价传播效果可以使用观众收视率、报纸发行量等指标；而对于新媒体渠道，则可以使用点击率、转发量等指标。

3. 受众定位与传播内容的匹配性

（1）深入了解受众特征

目标导向性要求企业对受众进行深入的定位和了解，以确保传播内容与受众的需求和偏好相匹配。企业通过调研和分析受众的特征，包括年龄、性别、教育水平、兴趣爱好等，可以更准确地把握受众的需求和心理。

（2）设计有针对性的传播内容

基于对受众的深入了解，企业可以设计有针对性的传播内容，以吸引受众的注意力并与其产生共鸣。传播内容应该根据受众的特点和需求进行定制，包括内容形式、语言风格、传播渠道等方面。

（3）实施个性化传播策略

目标导向性要求企业实施个性化的传播策略，以确保传播内容与受众的匹配性。企业可以根据不同受众群体的特征和偏好进行定制个性化传播策略，提高传播效果和影响力。

（二）传播效能的多维度性

1. 信息传递的准确性与完整性

（1）信息准确性的重要性

信息传递的准确性是传播效能评价的关键指标之一。准确的信息传递能够确保受众获得真实、可信的信息，从而建立起对传播者的信任。例如，在新闻报道中，准确地报道事件的事实和细节是对新闻报道质量的基本要求，而任何误导性或不准确的信息都会影响该媒体的公信力。

（2）信息完整性的意义

完整的信息传递能够确保受众全面理解信息，避免信息的片面性或不完整性导致的误解。因此，传播者需要确保传递的信息具有充分的完整性，包括提供相关的背景信息和上下文，以便受众能够全面理解。

2. 传播内容的吸引力与创新性

（1）吸引力对于传播效果的影响

吸引人的内容能够引起受众的兴趣和注意力，从而增加受众对信息的接受程度和传播效果。例如，在广告传播中，吸引人的广告内容能够吸引消费者的注意力，增加品牌的曝光度和认知度，从而促进产品销售。因此，传播者需要设计具有吸引力的传播内容，包括吸引人的图像、有趣的故事情节等，以提高传播效果。

（2）创新性的重要性

创新性是传播内容具有吸引力的重要因素之一。创新的内容能够给受众带来新鲜感和惊喜，从而增强传播活动的影响力。例如，采用新颖的传播方式和创意的内容，可以吸引更多的受众参与和关注。因此，传播者需要不断创新传播方式和方法，设计具有创新性的内容，以提高传播效果和影响力。

3. 受众对传播内容的接受程度与反馈效果

（1）受众接受程度的重要性

传播活动的成功与否取决于受众对内容的接受程度的高低，只有受众接受并认可传播内容，传播活动才能取得预期的效果。因此，传播者需要根据受众的需求和偏好，设计符合受众口味的内容，以提高传播效果。

（2）反馈效果的重要性

受众的反馈效果对于评价传播效能具有重要意义。信息传播者通过监测受众的反馈效果，可以及时了解受众的需求和偏好，并根据其反馈调整传播策略，以提高传播效果。例如，受众的意见和建议可以揭示传播内容的不足之处，企业可以有针对性地进行改进，从而提高传播效果和影响力。

（三）传播效能的动态性

1. 传播环境的变化与传播策略的调整

（1）传播环境的多元化影响

传播环境的变化对传播效能产生深远影响。这种变化可能来自技术、社会、文化等多个方面。例如，新的社交媒体平台的兴起、社会事件的发生、受众的价值观念变化等都会对传播环境产生影响。传播者需要密切关注这些变化，及时调整传播策略，以确保传播活动的效果和影响力。

（2）传播策略的灵活调整

传播者需要根据变化的情况及时调整传播策略，包括传播内容的调整、传播渠道的变化、传播方式的创新等。例如，针对新兴社交媒体平台的大发展，传播者可能需要调整传播重点和方法，以适应受众的使用习惯和行为模式。

2. 反馈机制与效果评估的持续性

（1）定期效果评估的重要性

传播效能的持续评估对于传播活动的成功至关重要。传播者需要建立定期的效果评估机制，通过收集数据、调查问卷、焦点小组讨论等方法，对传播效果进行定量和定性分析。这种持续性的评估能够帮助企业及时发现问题，并为传播策略的调整提供依据。

（2）反馈机制的建立与改进

建立有效的反馈机制对于传播效能的持续提升至关重要。传播者需要与受众建立双向沟通的渠道，鼓励受众提供反馈意见和建议。传播者收集受众的反馈信息，可以了解受众对传播内容的看法和态度，并及时调整传播策略，以提高传播效果和受众满意度。

3. 策略的灵活性与应变能力

（1）灵活性的战略调整

传播策略的灵活性是确保传播效能的关键。传播者需要具备敏锐的洞察力和灵活的决策能力，及时调整传播策略以适应变化的环境。这可能涉及传播内容的调整、传播渠道的变化、传播方式的创新等方面。传播者只有保持灵活性才能更好地应对外部环境的变化，保持传播活动的效果和影响力。

（2）应变能力的重要性

信息传播者面对变化的传播环境需要能够迅速做出反应，并采取相应的措施以应对新的挑战和机遇。这涉及策略的调整、资源的重新配置、团队的重新组织等多个方面。只有具备足够的应变能力，传播者才能在竞争激烈的传播领域中立于不败之地。

二、传播效能的机制

传播效能受到多种因素的影响，传播渠道的选择决定了传播信息的传递效率和覆盖范围；受众特征如年龄、性别、教育水平等也会影响传播效能；传播环境如社会文化、经济发展水平等也会对传播效能产生影响。

（一）传播渠道的选择

1. 渠道的覆盖范围和传播效率

（1）不同渠道的覆盖范围

传播渠道的选择会影响信息传递的覆盖范围。传统媒体如电视、报纸等通常具有一定的影响力和传播效果，尤其适合大众传播和广告宣传。而新媒体如社交媒体平台、网络论坛等则更注重特定群体的精准传播，信息传播更快速。

（2）传播效率的比较

传播渠道的选择也会影响传播效率。相较于传统媒体，新媒体如微信、微博等社交媒体平台传播效率更高，因为信息可以迅速传播并在短时间内引发广泛的关注和讨论。因此，在选择传播渠道时，企业需要综合考虑传播渠道的覆盖范围和传播效率，以达到最佳的传播效果。

2. 渠道的互动性和个性化

（1）渠道的互动性

传播渠道的选择应考虑到其互动性。一些新媒体平台具有较高的互动性，受众可以通过评论、转发等方式参与到信息传播中，增强了信息传递的参与感和吸引力。而传统媒体如电视、报纸等则缺乏互动性，受众只能被动接收信息，因此互动性较低。

（2）渠道的个性化

传播渠道的选择还应考虑其个性化程度。一些新媒体平台具有较高的个性化特点，能够根据受众的特征和偏好进行信息推送，提供定制化的内容。例如，社交媒体平台根据用户的兴趣爱好和行为习惯推荐相关内容，增强了信息传递的针对性和效果。传统媒体则相对缺乏个性，信息传递比较普遍化，无法满足不同受众群体的个性化需求。

3. 渠道的公信力和可靠性

（1）公信力的重要性

传播渠道的公信力直接影响受众对信息的接受程度。一些权威媒体如知名新闻机构具有较高的公信力，受众更愿意相信其传播的信息。因此，企业在选择传播渠道时，需要考虑其公信力，选择具有一定信誉和声誉的传播平台进行信息传递，以提高受众对信息的信任度和接受程度。

（2）可靠性的保障

传播渠道的可靠性是信息传递的重要保障。可靠的传播渠道能够确保信息传递的顺利进行，避免信息被篡改或丢失。因此，企业在选择传播渠道时，需要考虑其稳定性和安全性，选择具有良好技术支持和保障的传播渠道。

（二）受众特征和传播环境

1. 受众的接受能力和认知水平

（1）接受能力的影响

受众的接受能力直接影响信息传播的效果。高接受能力的受众能够更快速地理解和接受新信息，因此对于传播者来说，针对这部分受众可以采取更加直接、深入的传播方式，例如，可以选择较为专业、技术性较强的传播内容来满足这部分受众的需求。

（2）认知水平的考量

受众的认知水平也是评估传播效能的重要因素之一。具有较高认知水平的受众更容易理解和吸收复杂的信息，因此在信息传播过程中，企业可以更加深入地探讨问题，提供更为专业的信息，以满足这部分受众的需求。而对于认知水平较低的受众，企业则需要采取更加简单直接的传播方式，避免信息过于复杂，以确保信息的有效传递。

2. 受众的态度和价值观

（1）态度一致性的重要性

当传播内容与受众的态度和价值观一致时，受众更容易接受该信息并采取行动。因此，传播者在制定传播策略时，应该深入了解受众的态度和价值观，确保传播内容与受众的期望和价值观相契合，以增强传播效果。

（2）不一致性的挑战

然而，当传播内容与受众的态度和价值观不一致时，信息传播者便面临着挑战。此时，信息传播者需要通过巧妙的传播策略和沟通技巧缓解受众的抵触情绪，增加信息被接受的可能性。例如，信息传播者可以通过故事性的叙述、情感化的表达等方式来打破受众的心理防线，引导其接受新的观点和理念。

3. 社会文化因素

传播环境中的社会文化因素对传播效能具有深远影响。不同的文化背景会影响受众对信息的解读方式，因此在信息传播者需要充分考虑文化的差异，避免出现误解或冲突。此外，受众文化背景还会影响其对特定主题或内容的偏好，因此传播者需要根据不同受众的文化背景进行有针对性的传播。

第二节　数字时代传播渠道对效能的影响

一、数字时代传播渠道对传播效能的影响

（一）多样性

1. 多渠道选择

在数字时代，传播渠道的多样性为传播者提供了丰富的选择。传播者可以根据目标受众的特点和传播内容的属性，灵活地选择合适的传播渠道进行信息传递和沟通。社交媒体、搜索引擎、电子邮箱等都是较常见的传播渠道，它们各自具有独特的特点和适用场景。

社交媒体作为一种互动性强、传播速度快的传播平台，吸引了大量年轻人群体的关注和参与。年轻人在社交媒体上的活跃度高，他们习惯在社交媒体上分享生活和观点，因此对于针对年轻受众的传播活动，选择社交媒体作为传播渠道可能更为有效。传播者通过社交媒体平台，可以与受众建立更为亲近的联系，促进信息的传递和共享。

与此同时，对于一些专业人士而言，电子邮件可能是更为适用的传播渠道。专业人士通常具有严谨的工作习惯和高效的信息处理能力，他们更倾向于通过电子邮件获取重要信息和沟通工作。因此，针对专业人士的传播活动，选择电子邮件作为传播渠道可以更好地满足其信息获取的需求，并确保信息的及时传递和准确理解。

搜索引擎也是一种重要的传播渠道。随着互联网的普及和信息量的爆炸式增长，人们通过搜索引擎获取信息的习惯已经成为日常生活的一部分。传播者可以通过优化搜索引擎排名、提供优质的内容等方式，将自己的信息推送给潜在受众，从而提高信息的曝光度和传播效果。

2. 针对性传播

多样性的传播渠道为传播者提供了更多选择，使得传播活动能够更加有针对性。传播者选择适合目标受众特征和传播内容属性的传播渠道，能够提高传播效能，达到更精准的传播目标。在数字时代，社交媒体、搜索引擎、电子邮箱等都是较常见的传播渠道，它们各自具有独特的特点和适用场景。

举例来说，在推广新产品时，传播者可以选择在社交媒体上投放广告。社交媒体是一个有效吸引年轻受众注意力的传播渠道。传播者在社交媒体上发布广告，能够将产品信息直接传递给目标受众，提高产品的曝光度和知名度。此外，传播者可以选择通过电子邮件或专业论坛向专业人士传达专业知识。

（二）互动性

数字传播渠道的互动性为企业提升用户参与度提供了有力的平台，进而有效地增强了传播效能。受众可以通过多种方式与品牌进行互动，如评论、分享、点赞等，这些互动行为不仅促进了用户对信息的关注，也有助于品牌建立与用户的紧密联系，从而提升传播效果。特别是在社交媒体平台上，用户参与度得到了进一步增强。

社交媒体作为一个互动性强、传播速度快的平台，为用户提供了丰富的互动机会。用户可以在社交媒体上对品牌发布的内容进行评论，表达自己的看法和观点。这种直接的互动形式让用户觉得自己的声音被听到，从而增强了他们对品牌的参与感和归属感。同时，用户还可以通过分享品牌内容，将自己的观点和体验传播给更多的人，从而扩大品牌的影响力和曝光度。这种用户参与的行为不仅为品牌带来了更多的曝光度和更广的传播度，也为其他用户提供了更多的信息来源，增强了他们对品牌的信任和好感。

此外，用户还可以通过点赞、转发等方式参与到品牌的传播活动中。点赞是一种简单而直接的表达方式，用户可以通过点赞来表达对品牌内容的喜爱和支持，从而促进品牌内容在社交媒体上的传播和曝光。转发则是用户将品牌内容分享到自己的社交圈子，让更多的人了解和关注品牌。这种用户参与的形式使得品牌的传播范围更广，影响力更大。

除了在社交媒体上的互动活动，品牌还可以通过其他方式增强用户的参与感。例如，一些品牌通过定期举办线下活动，邀请用户参与其中，与品牌进行面对面的交流和互动。这种亲身参与的体验能够让用户感受到品牌对他们的重视，增强他们的参与感和忠诚度。此外，品牌还可以通过提供个性化的服务和定制化的体验，让用户感受到自己被认可和受尊重，从而增强其参与感和归属感。

（三）即时性

数字传播渠道的即时性为信息的实时传播和获取提供了便利，这对于品牌和组织来说具有重要意义，因为它能够帮助它们及时响应市场变化和用户需求，从而提高传播效能。实时传播的概念强调了信息的及时性和快速性，使得品牌能够在第一时间与目标受众进行沟通和互动，以满足他们的信息需求和期望。

例如，当新产品推出或突发事件发生时，品牌可以利用社交媒体等数字传播渠道迅速发布相关信息。品牌及时更新品牌的社交媒体账号或发布推文，可以快速传播新产品的信息或应对突发事件，吸引用户的关注和参与。这种实时传播能够迅速引起用户的注意，并且在短时间内扩散到更广泛的受众群体，从而提升品牌的曝光度和影响力。

实时传播还可以帮助品牌更好地了解市场动态和用户反馈。品牌监测社交媒体上的实时互动和用户评论，可以及时获取用户对产品或服务的反馈和意见，从而及时调整策略或改进产品，提高用户的满意度和忠诚度。此外，实时传播还可以帮助品牌更好地把握市场趋势和竞争动态，使其能够及时调整营销策略，保持竞争优势。

二、不同传播渠道对品牌传播效果的影响程度

（一）社交媒体

1. 影响品牌认知度和曝光率

社交媒体作为数字时代最为重要的传播渠道之一，在提升品牌认知度和曝光率方面发挥着至关重要的作用。品牌通过社交媒体平台可以直接与用户进行互动，并发布各类品牌相关信息、活动以及产品推广内容，从而有效地提高品牌在目标受众中的知名度和曝光率。

首先，社交媒体平台用户数量庞大，且活跃度高，不同年龄、背景和兴趣的用户都在这些平台上进行着频繁的交流和互动。品牌通过在社交媒体上发布内容，可以直接接触到广泛的用户群体，让更多的人了解品牌的存在和相关信息，从而提高品牌的认知度。

其次，社交媒体的互动性和分享性有助于扩大品牌的曝光率。在社交媒体上，用户可以与品牌进行直接的互动，例如评论、点赞、转发等，这些互动行为可以使品牌的内容被更多用户所看到，并扩大内容的传播范围。特别是在用户转发或

分享品牌内容时，相当于为品牌进行了口碑传播，进一步提升了品牌的曝光率，使更多的用户了解品牌的信息。

社交媒体平台提供了多样化的传播形式和内容呈现方式，品牌可以通过发布图片、视频、故事等形式吸引用户的注意力，增加内容的吸引力和传播效果。精心设计的品牌内容能够更好地引起用户的兴趣和共鸣，从而提高用户对品牌的认知度和曝光率。

2. 增强用户参与感和信任度

社交媒体的互动性为用户参与品牌传播活动提供了便利和渠道，进而增强了用户的参与感和信任度。通过社交媒体平台，用户可以直接参与品牌的传播活动，如评论、分享、点赞等，使得用户不再是活动的观众，而是品牌传播活动的积极参与者。这种直接参与的感觉能够增强用户对品牌传播活动的投入感，提升用户的参与感和亲近感。

用户在社交媒体上的互动行为不仅仅是单向的，他们的互动行为会被其他用户所看到，形成一种口碑效应。当用户参与到品牌传播活动中并与其他用户互动时，他们的互动行为往往会被其他用户所关注和引用，从而进一步扩大了品牌的传播范围和影响力。这种口碑效应有助于增强品牌的认知度和可信度，因为用户更倾向于相信其他用户的评价和分享，而非单纯信任品牌的宣传。

品牌与用户之间的互动还有助于品牌建立良好的形象。通过与用户进行互动，品牌可以更加深入地了解用户的需求和反馈，及时回应用户的疑问和关注，从而建立起与用户之间的互信关系。用户在与品牌互动的过程中，会感受到品牌对他们的重视和关注，进而对品牌信任和忠诚。

（二）搜索引擎

在数字时代，搜索引擎的作用日益凸显，对品牌传播效果产生着重要的影响。良好的搜索引擎排名能够有效提高品牌的可见性和可信度，进而促进品牌的传播效果和市场竞争力的提升。当用户在搜索引擎中输入与品牌相关的关键词时，品牌如果能够在搜索结果的前几页中出现，就能够获得更高的曝光率，从而提高品牌的可见性。

首先，良好的搜索引擎排名可以使品牌在搜索结果中获得更高的曝光率。用户在进行信息检索时，往往会浏览搜索结果的前几页，所以排名靠前的网站往往能够获得更多的点击量和访问量。因此，当品牌在搜索结果的前几页中出现时，用户更有可能点击访问品牌网站或相关信息，从而增加品牌的流量和转化率。品牌通过优化网站内容和关键词，可以在搜索引擎中获得良好的排名，就能够有效提高曝光率，增强品牌在用户心目中的印象和认知度。

其次，良好的搜索引擎排名也能够提高品牌的可信度。用户普遍认为在搜索结果中排名靠前的网站更可信赖且权威，因此，排名靠前的品牌更容易被用户信任和接受。当用户在搜索引擎中搜索与品牌相关的信息时，如果品牌能够出现在搜索结果的前几页，用户往往会认为该品牌具有一定的权威性和专业性，从而更加愿意选择该品牌提供的产品或服务。

（三）电子邮箱

1. 实现精准营销和信息传递

尽管电子邮箱在社交媒体等新型传播渠道的冲击下逐渐被边缘化，但对于特定目标受众群体，仍然是一种有效的传播渠道。电子邮箱具有直接、私密的特点，能够为品牌提供精准营销的机会。

首先，电子邮箱的个性化特点使得品牌可以根据用户的属性和兴趣定向发送邮件，提高信息传递的针对性和效果。与社交媒体等广泛使用的传播渠道相比，电子邮箱通常具有更为准确的用户信息，品牌可以根据用户的个人偏好、行为习惯等特征，量身定制邮件内容，使其更具吸引力和针对性。这种精准的营销策略可以帮助品牌更好地触达目标受众，提高信息传递的效率和效果。

其次，电子邮箱作为一种私密的通信方式，能够为品牌与用户之间建立更加直接、亲密的联系。相比于社交媒体等公开平台，用户在使用电子邮箱时更倾向于接受个性化的信息，并对品牌传递的内容更加信任。品牌可以通过邮件营销等方式，与用户进行一对一的沟通和互动，使用户更加深入地了解品牌，增强品牌与用户之间的情感联系和忠诚度。

2. 建立长期品牌关系

一方面，品牌通过定期发送邮件给用户，能够向用户提供有价值的内容，例如，最新的产品信息、促销活动、行业趋势等，从而吸引用户的注意力，增强其对品牌的关注度和信任度。这种定期邮件的发送不仅可以让用户及时了解品牌的最新动态，还能够维持品牌在用户心中的存在感，促使用户对品牌长期关注。

另一方面，用户也可以通过邮件回复、订阅或取消订阅等行为与品牌进行互动。当用户对品牌的邮件内容感兴趣时，他们可能会主动回复邮件进行进一步的交流，从而增加与品牌的互动频率，加深品牌与用户之间的联系。而用户的订阅行为则表明了他们对品牌信息的需求和兴趣，品牌可以根据用户的订阅偏好调整邮件内容，提升邮件的针对性和个性化，进一步增强用户的参与感和信任度。

通过电子邮箱建立长期品牌关系还有利于品牌与用户之间持续互动和沟通。品牌可以根据用户的反馈和行为数据调整邮件内容和发送频率，确保邮件内容的质量和相关性，提升用户体验，加深用户对品牌的认知度和忠诚度。此外，品牌还可以通过邮件提供个性化的优惠和服务，奖励忠诚用户，促进用户的再次购买和品牌推荐，进一步巩固长期品牌关系。

三、参与式传播概念界定及发展

参与式传播作为有效调动用户参与、了解品牌的传播理念，鼓励品牌方开放用户参与节点。用户能够在这个过程中对品牌有进一步的了解，也能逐步培养其对产品和品牌的认同，从而提升对品牌的忠诚度。因此，充分践行参与式传播理论，将会为品牌在市场竞争中打下坚实的用户基础，为企业发展带来新的机遇。

（一）参与式传播概念

参与式传播是一种新兴的传播理论范式，其核心理念在于构建一种多方参与、基于对话和协作的传播模式。相较于传统的单向、垂直传播范式，参与式传播强调社会群体之间的互动和共同合作，促进信息传递、理解和共识的形成。

这一传播理论的重要特点是其自下而上的性质。传统传播模式往往由权威机构或精英群体主导，信息沿着线性路径传递给被动的接收者。而参与式传播强调公众、社区和利益相关者的参与，他们在传播过程中扮演着积极的角色，参与决策、产生内容、解决问题。因此，参与式传播是一种草根性的、基于社会群体之间对话和合作的传播模式。

在参与式传播的实践中，传播不再是简单的信息传递，而是一种多方参与的互动过程。各利益相关者之间展开对话，分享信息、观点和意见，共同探讨问题并寻求解决方案。这种对话和合作的过程有助于建立信任、增进理解、凝聚共识，最终促成社会发展和问题解决。

参与式传播的目标是通过传播实现社会群体间的对话和合作，为公共议题的讨论和决策提供更广泛的参与机会。传播不仅是信息传递的工具，更是一种赋权的手段，让所有的利益相关者都能参与到决策过程中，发挥积极作用，共同推动社会进步和发展。

（二）参与式传播的特点

参与式传播反对由官方主导、自上而下、精英式的信息传播，鼓励民众积极讨论，进行横向式、遍在性的交流。这也就意味着参与式传播理论是对某一客观事件精英式、唯一性解读的抛弃，取而代之的是多种观点、多样表达。

1. 受众主体性（卢梭的身份概念）

卢梭认为身份在实践中意味着地位、权力，是考察参与的坐标物，也即参与者的主体性和身份建构对于参与式传播的实践至关重要。在传统的大众传播时代，信息是由传播者自上而下传达的，受众处于被动接收的状态。然而，随着社交媒体等新媒体的兴起，传播者与受众之间的关系开始发生变化。受众不再被动接受信息，而是成为信息的创造者和传播者之一。传统的“传者本位”逐渐向“受者本位”转变，受众的主体性得以激活和发现。

2. 媒介近用

媒介近用是参与式传播的重要前提和实践入口。传统媒体时代，传播者拥有对传播媒介和媒体经验的垄断，导致受众在传播过程中处于被动和离席的状态。然而，20 世纪 60 年代以来，随着社交媒体的兴起，用户能够更加平等地参与信息的传播，从而促进了信息的多样化。

3. 参与互动

参与式传播强调参与者之间的互动和交流。在参与的过程中，利益相关者能够互相交流讨论，共同推动知识的交流和共享。例如，乔哈里视窗理论（图 3-1）将人际沟通比作四个窗口，分为公开的知识、我们隐藏的知识、他们所隐藏的知识、盲点，强调了双方在交流中共同探索未知领域的重要性。参与者通过互动能够不断地更新自己的知识和认知，进一步促进了社会的发展和进步。

窗口 1： 公开的知识 他们所知道的 我们所知道的	窗口 2： 我们隐藏的知识 他们所不知道的 我们知道的
窗口 3： 他们所隐藏的知识 他们所知道的 我们所不知道的	窗口 4： 盲点 他们所不知道的 我们所不知道的

图 3–1　乔哈里视窗

四、用户参与度与品牌传播效能的关联性

（一）用户参与品牌传播活动的意义

1. 用户作为品牌传播者的角色

（1）用户积极参与的本质

在数字媒体上积极参与品牌传播活动的用户实质上可以成为品牌的传播者和代言人。他们通过多种行为形式，如分享品牌内容、发表评论、转发信息等，将品牌信息传递给更广泛的受众群体，从而有效地扩大品牌的曝光度和知名度。

（2）用户行为的影响力

用户在数字媒体上的行为具有非常强大的影响力。他们的分享和评论不仅能够吸引其他用户的注意，还可以引发更多的讨论和交流，进而加深对品牌的认知和印象。因此，用户在品牌传播中扮演着不可或缺的角色，其行为直接影响着品牌形象和认知度的塑造。

（3）用户参与与品牌信任度

用户积极参与品牌传播活动还可以增强公众对品牌的信任度。当其他用户看到大量的积极评价和分享时，会更加信任该品牌，从而加强了品牌与用户之间的情感联系和忠诚度。

2. 用户参与度与社交网络传播

（1）社交网络传播的机制

用户参与度的提升对品牌在社交网络中的传播至关重要。在社交网络中，用户之间通过分享、转发、评论等行为相互影响，形成信息传播的网络。而用户的参与度决定了信息传播的速度和广度，高参与度意味着品牌信息能够更快速地在网络中传播开来。

（2）用户参与度与传播效果

用户积极互动的行为可以吸引更多的关注和参与，从而扩大了品牌在社交媒体上的影响力和知名度。例如，用户的评论和转发可以使品牌内容在社交网络中被更多人看到，进而提升了品牌的曝光度和认知度。

（3）社交网络传播的挑战

社交网络传播也面临着一些挑战，例如信息过载和信息失真等问题。用户参与度的提升可以帮助品牌更好地应对这些挑战，因为有更多的用户参与到信息传播中，可以及时纠正错误信息，避免对信息的扭曲和误解。

（二）提升品牌传播效果

1. 用户参与带动传播效果

（1）用户认可与品牌影响力

用户参与度的增加往往与品牌传播效果的提升密切相关。用户在数字媒体上积极参与品牌传播活动实际上是对品牌内容的认可和支持。这种认可不仅增强了品牌的影响力，还能够促使更多的用户参与到品牌传播活动中。

（2）用户参与的传播机制

用户的参与行为能够在数字媒体上形成良性的传播机制。他们通过分享、转发、点赞等行为将品牌内容传播给更广泛的受众，从而扩大了品牌的曝光度和影响力。这种用户主动参与的传播方式往往更加真实和有效。

（3）用户参与的动机与效果

用户参与品牌传播活动的动机多样，包括对品牌的喜爱、对产品的体验、对活动的兴趣等。而用户参与度的提升不仅为品牌传播带来了更多的内容和渠道，也增加了用户对品牌的认同感和忠诚度，从而进一步提升了品牌传播效果。

2. 扩大品牌受众范围

（1）用户参与与传播覆盖面

用户参与度的提升能够扩大品牌的受众范围。通过用户的分享和评论，品牌信息可以传播到更多的用户群体，使得品牌在数字媒体上的曝光度得到提升。这种通过用户自发传播的方式，使品牌能够触达更广泛的受众，增强了品牌传播效果。

（2）用户参与与传播渠道

用户参与度的增加也丰富了品牌传播的渠道。除品牌自身的官方渠道外，用户在社交媒体上的分享和讨论成为品牌传播的重要补充。这些用户生成的内容往往更加真实和生动，能够吸引更多的目标受众，进而提升品牌的传播效果。

（3）用户参与与品牌认知度

用户参与度的提升也有助于增强品牌的认知度。通过用户的分享和评论，品牌信息能够传播到更广泛的用户群体中，使得更多的人了解品牌的存在和特点。这种口口相传的传播方式在数字时代尤为重要，可以快速扩大品牌的知名度。

3. 增强传播信任度和可信度

（1）用户参与与信任建立

用户参与度的增加有助于增强品牌传播的信任度和可信度。当用户通过分享自己的体验和看法支持品牌时，其他用户更容易对品牌产生信任，从而增加品牌传播的效果和影响力。这种用户生成内容的传播方式更具有说服力，能够为品牌树立起良好的口碑和形象。

（2）用户参与与品牌形象

用户参与度的提升也有助于塑造品牌的良好形象。当用户在数字媒体上积极参与品牌传播活动时，他们的行为被认为是对品牌的认可和支持，从而增强了品牌的社会形象和品牌形象。这种正面的品牌形象能够为品牌带来更多的关注和认可，提升品牌的传播效果和影响力。

（3）品牌建立与用户互动

用户参与度的提升也促进了品牌与用户之间的积极互动。品牌通过与用户的互动可以更好地了解用户的需求和偏好，及时调整和优化品牌内容和传播策略，以提升用户体验和满足用户需求，进而增强品牌的信任度和可信度。

（三）促进传播策略的优化

1. 用户反馈与传播策略优化

用户的反馈意见和建议在品牌传播策略的优化中扮演着至关重要的角色。这种反馈不仅提供了品牌与用户之间直接的沟通渠道，还为品牌提供了宝贵的市场信息和见解，有助于优化传播策略，提升品牌传播效果。

首先，品牌通过分析用户的评论和反馈可以更好地了解用户的需求和偏好。用户的评论和反馈往往能够反映出他们对品牌产品、服务或内容的真实感受和期待，这些信息对于品牌了解市场需求和用户心理状态至关重要。品牌通过仔细分析用户的反馈，可以发现用户的关注点、痛点和期待，从而有针对性地调整传播内容和策略。

其次，品牌可以根据用户的反馈意见和建议及时调整内容、形式和传播渠道。用户的反馈往往能够揭示出品牌传播策略中存在的问题和不足之处，例如，内容的质量、传播方式的合适性、传播渠道的选择等。品牌可以根据用户的反馈对这些问题进行修正和改进，以确保传播策略更加符合用户的期待和市场的需求，从而提升品牌的传播效果和影响力。

最后，品牌通过与用户的互动和反馈，可以建立起更加密切的关系，增强用户对品牌的认同感和忠诚度。当用户感受到品牌对其反馈的重视和积极回应时，会增强他们对品牌的信任和好感，进而更加愿意与品牌进行互动和传播。这种积极的用户互动不仅可以提升品牌的口碑和形象，还可以为品牌吸引更多的潜在用户和忠诚粉丝，促进品牌传播的持续发展和壮大。

2. 用户参与提供市场反馈

用户参与度在品牌传播中的作用不可忽视，它为品牌提供了宝贵的市场反馈信息，有助于品牌更好地了解市场变化和竞争情况，从而优化传播策略，提升传播效果。

首先，用户参与度的提升使得品牌能够获取更多的市场反馈信息。用户通过评论、反馈和互动等方式，向品牌提供了丰富的意见和建议，这些信息反映了用户的需求、偏好和体验，对品牌了解市场需求和用户情感具有重要意义。通过分析这些反馈信息，品牌可以深入了解市场动态，发现市场变化和竞争情况，为品牌制定更加精准的传播策略提供有力支持。

其次，品牌可以根据用户的反馈调整传播内容和推广方式。用户的反馈通常涉及品牌产品、服务、营销活动等方面，品牌可以有针对性地调整产品特性、改进服务质量、优化营销策略，以满足用户需求，提升用户体验。例如，用户可能提出产品改进的建议，品牌可以据此进行产品升级或创新；用户可能对某项营销活动表示喜爱，品牌可以加大该项活动的投入，提升其传播效果。这种根据用户反馈进行调整的方式，使得品牌传播更加贴近用户需求，更具吸引力和影响力。

最后，品牌通过根据用户反馈调整传播策略，能够更好地适应市场需求，提升竞争力和市场地位。市场环境不断变化，用户需求也在不断演变，品牌需要及时调整传播策略，以保持竞争力和市场地位。通过倾听用户的声音，品牌可以更好地把握市场脉搏，及时调整策略，保持与市场的同步发展，增强品牌的市场竞争力。

第四章 品牌建设战略与用户感知

第一节 品牌定位与用户期望

一、品牌定位与用户期望之间的契合度

（一）清晰表达品牌核心价值

1. 明确品牌的市场定位

品牌的市场定位是品牌定位的重要组成部分，它指明了品牌在市场上的位置和角色。明确品牌所处的市场领域、目标客户群体以及竞争优势，能够使品牌更清晰地表达自己的核心价值和特点。例如，一家高端时尚品牌可以将自己定位为面向高收入人群的奢华时尚品牌，从而吸引目标用户的关注。

2. 突出产品特点

品牌的产品特点是品牌核心价值的重要体现之一。品牌通过突出产品的独特性、功能性或者品质优势，能够更好地吸引目标用户群体的关注和认同。例如，一家专注于健康饮食的品牌可以通过强调其产品的天然、健康等特点，吸引健康生活追求者的注意。

3. 确定目标用户

明确定义品牌的目标用户是品牌定位的关键一环。品牌需要深入了解目标用户的特点、喜好、需求和价值观，以便更好地满足他们的期望。品牌通过精准定位目标用户，能够更有效地传达自己的核心价值和特点，建立起与用户的情感联结。例如，一家针对年轻专业人士的品牌可以把自己定位为具有创新精神、求知欲强、追求个性化生活的年轻群体，从而深得这一群体的认同和支持。

（二）满足用户需求、期望和价值观

1. 深入了解目标用户心理与情感特征

品牌需要深入了解目标用户的心理、情感和行为特征，以确保品牌的定位与用户的期望高度契合。例如，一家面向年轻母亲的品牌可以通过深入了解母亲们的家庭角色、生活压力和购物偏好，设计出符合她们需求的实用、时尚的产品，以赢得她们的信任和喜爱。

2. 提供个性化的产品和服务

定制化的产品设计、个性化的购物体验以及定制化的售后服务能够更好地满足用户的个性化需求，提升用户的购物体验和满意度，从而增强品牌与用户之间的情感联结。例如，一家定制化的服装品牌可以根据客户的身材、偏好和风格，量身定制适合他们的服装，提升用户对品牌的认同感和忠诚度。

3. 建立互动与沟通机制

品牌需要建立开放式的沟通机制，与用户进行积极的互动和交流，以便品牌可以更好地了解用户的需求和期望，并及时调整品牌策略，以适应市场变化和用户需求。同时，品牌还可以通过积极参与社交媒体和线下活动等方式，与用户建立更密切的联系。例如，一家零售品牌可以通过线上社交媒体平台与用户进行互动，了解他们的购物偏好和意见反馈，从而调整产品和服务，提升用户购物体验和满意度。

4. 不断优化品牌形象和传播方式

品牌需要不断优化自身的形象和传播方式，以更好地吸引目标用户群体的关注和认同。品牌通过创新的营销策略、独特的品牌故事和有吸引力的品牌形象，能够更好地塑造自己在用户心中的形象。同时，品牌还需要不断调整和优化传播方式，以适应不同用户群体的需求和习惯。例如，一家面向年轻用户的品牌可以通过与名人合作、举办线下活动等方式，增强品牌在年轻用户心目中的形象，提升品牌的知名度和影响力。

二、品牌定位与用户期望不匹配的影响和应对策略

（一）影响

1. 用户失望与不信任

当品牌的定位与用户期望不匹配时，用户往往会感到失望并产生不信任感。

这种不匹配可能源于品牌的宣传与实际表现之间存在差异，或是品牌的承诺与用户的体验不一致。用户期望品牌能够提供符合其需求和期望的产品或服务，但如果实际体验与预期相去甚远，用户就会感到失望。例如，品牌在广告宣传中可能承诺了高品质的产品或优质的服务，但当用户实际购买或使用后发现与宣传不符，就会对品牌产生怀疑和不信任。这种认知上的落差会直接影响用户对品牌的信任度和忠诚度，导致用户流失和口碑负面传播。因此，品牌应该努力保持宣传与实际表现的一致性，提供符合用户期待的产品和服务，以建立和维护用户对品牌的信任和忠诚度。同时，品牌应该及时回应用户的反馈和意见，积极改进产品和服务，以满足用户的需求和期待，避免引发用户的失望和不信任。

2. 用户流失与口碑负面传播

当品牌的定位与用户期望不匹配时，可能会引发用户的流失和口碑的负面传播。失望的用户往往会感到被误导或欺骗，他们可能会失去对品牌的信任和忠诚，进而寻找替代方案满足自己的需求。这种用户流失不仅会直接影响品牌的市场份额和收入，还会削弱品牌的竞争力和影响力。

除了直接的用户流失外，失望的用户还可能向他人传递他们对品牌的不满。口碑传播是一种强大的影响力，特别是在数字化社交媒体时代，用户可以迅速地将自己的感受和看法分享给他人。如果一个品牌的产品或服务不符合用户的期望，用户往往会将不满告诉其他人，警示他们避免相同的经历。这种负面口碑传播可能会迅速扩散，对品牌的声誉和形象造成重大影响，甚至会影响到潜在用户的购买决策。

长期下去，用户流失和口碑的负面传播会对品牌产生严重的负面影响。品牌的形象和声誉受损，市场地位下降，甚至可能导致品牌的衰落和退出市场。因此，品牌应该认真对待用户的期望和需求，保持与用户的沟通和互动，及时解决用户的问题和不满，建立良好的用户关系，避免引发用户流失和口碑的负面传播。通过提供优质的产品和服务，积极回应用户的反馈和意见，品牌可以树立良好的品牌形象，赢得用户的信任和支持，实现长期可持续发展。

（二）应对策略

品牌面对定位与用户期望不匹配的情况时，可以采取以下策略来应对。

1. 重新评估品牌定位

市场环境、用户需求和竞争格局都在不断变化，品牌需要与时俱进，保持与用户期望的契合度。重新评估品牌定位可能涉及多个方面的调整，包括重新定义目标市场、优化产品特点以及调整沟通方式。

首先，品牌需要重新审视目标市场。市场是动态变化的，随着时间推移和社会发展，用户的需求和偏好也会发生变化。因此，品牌需要对自己的目标市场进行重新评估，了解目标用户的需求、兴趣和行为特征，以便更准确地把握目标市场的动态，找到与之契合的定位策略。

其次，品牌可能需要对产品特点进行优化。品牌的定位应该与其产品特点相一致。品牌重新评估品牌定位时，需要审视自己的产品线，了解产品的优势和劣势，从而确定如何更好地满足用户的需求。品牌可以通过产品创新、质量提升和服务优化等方式，不断提升产品的竞争力，实现与用户期望的契合。

最后，品牌可能需要调整沟通方式。品牌的定位不仅体现在产品本身，还体现在品牌的形象、口碑和传播方式上。品牌重新评估品牌定位时，需要审视自己的品牌形象和沟通方式，确保与目标市场的需求和偏好相符。品牌可以通过品牌形象的重新塑造、营销渠道的优化以及内容营销的创新等方式，更好地传递品牌的核心价值和理念，与用户建立更加紧密的联系。

2. 倾听用户反馈并调整策略

品牌在当今竞争激烈的市场中，倾听用户反馈并及时调整策略是至关重要的。用户的反馈是品牌优化传播策略和提升产品质量的重要依据，因为用户的意见和建议直接反映了他们的真实需求和期望。积极倾听用户的反馈意味着品牌不仅仅是在关注用户的声音，更是在倾听市场的心声，以此为基础进行策略调整和产品改进。

品牌应该建立起有效的反馈机制，包括通过各种渠道收集用户的意见和建议，如社交媒体平台、在线调查、客户服务反馈等。这些渠道可以帮助品牌全面了解用户的感受和期望，使其更好地制订相应的调整策略。品牌需要不断投入资源和精力，建立起与用户之间的良好沟通渠道，让用户感受到自己的声音得到了重视和回应。

除了收集用户反馈外，品牌还需要及时对反馈信息进行分析和整理，找出其中的共性和关键问题。这需要品牌拥有一支专业的团队，能够从海量的数据中提炼出有价值的信息，并及时反馈给相关部门。品牌可以利用先进的数据分析技术和人工智能工具，快速、准确地进行数据挖掘和分析，发现用户需求的变化和趋势。

基于用户反馈，品牌需要灵活调整自身的战略和产品设计。这可能涉及产品功能的优化、服务体验的改进、营销策略的调整等方面。品牌应该站在用户的角度，思考如何更好地满足用户的需求和期望，以提升用户满意度和忠诚度。在调整策略的过程中，品牌需要保持开放的心态，勇于接受变化，不断创新和进步。

3. 提升产品和服务的品质

品牌在提升产品和服务的品质方面扮演着至关重要的角色。

首先，优质的产品是提升品牌价值和用户满意度的关键。品牌需要注重产品的设计、研发和制造过程，确保产品符合高品质标准。这包括产品的性能、功能、耐用性、安全性等方面。品牌应该确保产品在生产过程中的每一个环节都符合质量标准，从而提供给用户高品质的产品体验。

其次，优质的服务是品牌建立良好用户关系的关键。品牌需要注重提升服务的水平和质量，包括售前咨询、售后服务、投诉处理等方面。品牌应该建立高效的客户服务团队，及时响应用户的咨询和反馈，解决用户遇到的问题和困扰。同时，品牌还应该不断优化服务流程，提升服务效率和便利性，为用户提供更好的服务体验。

最后，品牌可以通过持续创新和不断改进提升产品和服务的品质。品牌应该保持开放的心态，不断接受市场和用户的反馈，积极探索新的产品功能和服务模式，以满足不断变化的用户需求和市场需求。品牌通过持续创新，可以保持竞争优势，赢得用户的信任和支持。

4. 建立开放式沟通机制

建立开放式的沟通机制对于品牌与用户之间的互动和交流至关重要。这种机制能够有效促进品牌与用户之间的沟通，帮助品牌更好地了解用户的需求和期望，从而及时调整品牌策略，适应市场变化和用户需求的变化。在建立开放式沟通机制的过程中，品牌可以采取多种方式与用户进行互动，包括但不限于社交媒体、在线论坛、客服热线等渠道。

首先，社交媒体平台是品牌与用户之间开展开放式沟通的重要渠道之一。品牌可以通过社交媒体平台发布内容、开展互动，与用户进行实时的交流和反馈。品牌可以了解用户对产品和服务的评价和反馈，及时回应用户的问题和疑虑，提供个性化的服务和解决方案，增强用户对品牌的信任和认同。

其次，在线论坛和社区也是品牌与用户开展开放式沟通的重要平台。品牌可以在在线论坛和社区建立专属的品牌社群，邀请用户参与讨论和分享，了解用户的需求和意见。通过在线论坛和社区，品牌可以与用户建立更深层次的互动关系，促进用户之间的交流和互助，提升用户对品牌的忠诚度和黏性。

最后，客服热线也是品牌与用户开展沟通的重要途径之一。品牌可以建立专业的客服团队，提供及时有效的客户服务，解决用户遇到的问题和困扰。通过客服热线，品牌可以直接听取用户的意见和建议，及时反馈用户的问题，改进产品和服务，提升用户体验和满意度。

5. 塑造符合用户期望的品牌形象

品牌的形象是品牌与用户之间建立联系和沟通的桥梁，塑造符合用户期望的品牌形象至关重要。品牌在塑造形象时，需要考虑多个方面，包括品牌的视觉形象、品牌故事以及传播方式等。

首先，品牌的视觉形象对于用户的第一印象至关重要。品牌的商标、标识、颜色和字体等都是构成品牌视觉形象的重要元素。这些元素应该能与目标用户群的审美和偏好相契合。精心设计的品牌视觉形象可以吸引用户的注意力，提升品牌的辨识度和美誉度。

其次，品牌故事是塑造品牌形象的重要组成部分。品牌故事可以让用户更好地了解品牌的来源、理念和使命，并与品牌产生共鸣和情感联结。品牌故事应该真实、生动且富有感染力，能够吸引用户的注意力并留下深刻印象。品牌故事可以赋予品牌更多的人格化特征，帮助品牌与用户建立更加紧密的情感联系。

最后，传播方式也是塑造品牌形象的重要环节。品牌应该选择与目标用户群相适应的传播渠道和方式，以确保品牌形象的准确传达和有效沟通。不同的用户群体可能偏好不同的传播方式，品牌需要根据用户的特点和喜好，灵活运用各种传播工具，包括社交媒体、广告、公关活动等，以扩大品牌的影响力和美誉度。

第二节　用户参与品牌故事的建设

一、用户参与品牌故事建设的方法和路径

（一）品牌与用户互动

1. 设定主题和规则

品牌在与用户互动和参与中，可以通过设定具有吸引力和亲和力的主题来激发用户的创造力和参与热情。一个好的主题能够引起用户的共鸣，让他们更愿意参与到品牌活动中。例如，品牌可以设定主题为“我的品牌故事”，鼓励用户分

享与品牌相关的故事、回忆或感悟，以展现用户与品牌之间的情感纽带。又如，“与品牌共同成长”主题可以让用户分享他们与品牌一同成长的经历和见证，强化用户对品牌的认同感和忠诚度。

除设定吸引人的主题外，品牌还需要明确比赛规则和参与方式，以确保活动的顺利进行和公平公正。规则应该简明清晰，易于理解，并且能够保证活动的公平性和透明度。例如，品牌可以规定参赛作品的形式可多样，可以是视频、图片、文字等多种形式，并规定作品的提交方式和时间。此外，品牌还应该明确奖励机制，即为用户提供一定的奖励或奖品作为参与活动的激励，如优惠券、礼品卡、免费产品等。这样可以更好地激发用户的积极性和参与度，增强活动的吸引力和影响力。

在设计活动时，品牌还应该考虑用户的参与感和体验，确保活动的流程简便顺畅，能够让用户轻松参与并享受到乐趣。此外，品牌还可以通过与用户的互动和反馈，不断优化和改进活动，提升用户的参与度和满意度。品牌通过设定具有吸引力的主题、明确的规则和奖励机制，可以有效地促进用户参与，增强品牌与用户之间的互动和联系，提升品牌的影响力和美誉度。

2. 鼓励用户分享故事和体验

鼓励用户分享与品牌相关的真实故事和个人体验是一种有效的营销策略，可以深入挖掘用户与品牌之间的情感联系。这种方式不仅可以让用户更深入地了解品牌，还可以促进用户之间的互动和交流，形成用户社群，并将用户转化为品牌的忠实粉丝和品牌大使。

首先，品牌通过鼓励用户分享故事和体验，可以拉近与用户之间的距离，增强品牌的人情味和亲和力。用户的真实故事和个人体验能够让其他用户感受到品牌的真诚和温暖，从而建立起更加深厚的情感联结。这种情感连接不仅可以提升用户对品牌的认同感，还可以激发其他用户的参与欲望，促进用户之间的互动和交流。

其次，用户参与比赛，会感受到自己被重视和被关注，从而增强对品牌的认同感和忠诚度。此外，比赛的活动形式还可以激发用户的创造力和积极性，让用户更加积极地参与到品牌活动中，从而建立起更加稳固的用户群体。

最后，用户分享故事和体验，可以使品牌获得更多的用户反馈和意见。用户的真实故事和个人体验能够为品牌提供宝贵的市场信息和用户洞察，帮助品牌更好地了解用户需求和期望，从而进行有针对性的产品改进和服务优化，提升用户体验和满意度。

（二）社交媒体互动

1. 发布话题讨论和互动挑战

品牌可以通过社交媒体平台发布话题讨论和互动挑战，来促进用户参与品牌故事建设，增强用户与品牌之间的互动和共创。

首先，品牌可以通过提出有趣、引人入胜的话题，引发用户的兴趣和讨论热情。这些话题可以涵盖与品牌相关的话题、行业趋势、用户需求等方面的内容，引导用户分享自己的看法和经验。品牌通过话题讨论可以了解用户的想法和需求，与用户建立更深层次的联系，并为品牌的发展提供有益的参考意见。

其次，互动挑战是一种激发用户创造力和参与热情的方式。品牌可以设计各种各样的挑战活动，如创意摄影比赛、微视频制作比赛、故事分享比赛等，鼓励用户分享与品牌相关的故事和体验。这些挑战可以激发用户的创造力和参与热情，吸引更多的用户参与到品牌的故事建设中。同时，这些挑战活动也能够增加品牌在社交媒体上的曝光度和传播效果，提升品牌的知名度和扩大影响力。

最后，品牌需要注意制定有趣、有吸引力的话题和挑战，以及提供丰厚的奖励和福利，激励用户积极参与。同时，品牌还应该及时回应用户的参与和互动，加强与用户之间的沟通和互动，增强用户对品牌的认同和忠诚度。

2. 创造社交互动场景

品牌可以利用社交媒体平台创造具有互动性的场景，以引导用户积极参与品牌故事建设，从而增强用户与品牌之间的互动和联系。这种社交互动场景的创建是品牌营销中的一项重要策略，它能够有效地吸引用户的注意力，提升品牌的曝光度，并加深用户对品牌的认知和理解。

一种常见的创造社交互动场景方式是举办线上直播活动。品牌可以邀请专家、名人或者品牌代言人进行直播，与用户实时互动，分享品牌故事、产品信息或者行业知识。在直播过程中，品牌可以设置互动环节，例如抽奖、答题或者提问环节，激发用户的参与热情，增强用户对品牌的关注度和好感度。通过直播活动，品牌不仅可以向用户传递品牌价值观和文化，还可以实时了解用户的反馈和需求，为品牌的发展提供有益的参考意见。

另一种方式是发起用户投票活动，以创造社交互动场景。品牌可以提出一些与品牌相关的问题或者选项，让用户投票表态。这种形式的活动能够引发用户参与讨论话题，同时也能够为品牌提供有益的市场调研数据。投票活动可以展示用户的偏好和需求，品牌可以及时调整品牌策略和产品设计，更好地满足用户的需求。

（三）数字技术和互动媒体平台

1. 开发品牌应用程序或在线平台

品牌可以通过开发品牌应用程序或在线平台来为用户提供参与品牌故事建设的路径和工具，进而促进用户与品牌之间的互动和共创。在当今数字化时代，品牌应用程序或在线平台成为品牌与用户之间交流的重要桥梁，为用户提供了便捷、实用的参与渠道，同时也为品牌提供了更广泛、更直接的品牌推广和互动机会。

首先，品牌应用程序或在线平台可以为用户提供多样化的参与渠道。通过这些数字化平台，用户可以轻松地参与到品牌故事建设中，例如发布评论、分享观点、上传图片或视频等方式。品牌可以设立专门的故事板块或社区区域，让用户在这里分享自己与品牌相关的真实故事和体验，从而增强用户对品牌的认同感和忠诚度。

其次，品牌应用程序或在线平台可以为用户提供个性化的互动体验。通过用户数据分析和个性化推荐算法，品牌可以向用户提供与其兴趣和偏好相关的内容和活动，增强用户的参与度和体验感。例如，根据用户的浏览记录和喜好，推荐相关的品牌故事或活动，提升用户的参与积极性和投入度。

品牌应用程序或在线平台还可以为用户提供实用的工具和功能，增强用户对品牌的依赖性和使用频率。例如，品牌可以开发与故事分享相关的编辑工具或素材库，让用户更加便捷地创作和分享自己的故事内容。

2. 利用虚拟现实和增强现实技术

品牌在利用虚拟现实（VR）和增强现实（AR）技术方面拥有巨大的潜力，这些技术可以为用户提供沉浸式的品牌故事体验，从而增强用户对品牌的认知和情感联结。虚拟现实技术能够通过模拟真实环境或创造虚构场景，使用户感觉好像身临其境般地参与其中，而增强现实技术则可以将虚拟元素叠加在现实世界中，为用户创造出全新的体验方式。

首先，品牌可以利用虚拟现实技术创造出逼真的虚拟环境，将用户带入品牌的世界中。例如，品牌可以开发虚拟现实应用程序或体验馆，让用户通过头戴式显示器或 VR 眼镜，沉浸在品牌的故事情境中。在这样的虚拟环境中，用户可以与品牌的形象、产品或角色进行互动，感受到品牌所传达的情感和理念，从而更加深入地理解和认知品牌。

其次，品牌还可以利用增强现实技术在现实世界中创造出与品牌相关的虚拟元素。用户通过 AR 应用程序或设备，可以观察到品牌在现实环境中的虚拟投影或交互元素。例如，品牌可以在特定地点设置 AR 标记，当用户使用 AR 设备扫描标记时，就会出现品牌的故事内容、产品展示或互动活动，为用户带来全新的体验和感受。

虚拟现实和增强现实技术的全新体验方式能够激发用户的好奇心和探索欲望，增强用户对品牌的认知度和忠诚度。同时，虚拟现实和增强现实技术还可以为品牌带来更多的营销机会和创新空间，为品牌的发展注入新的活力和动力。因此，品牌应该积极探索和应用这些先进技术，为用户提供更加丰富、深入的品牌体验，从而不断巩固和扩大自身在市场上的竞争优势。

二、分析用户参与品牌故事对品牌认知和情感的影响

（一）增强品牌认知

1. 提升品牌形象

用户参与品牌故事建设不仅仅是一种互动行为，更是一种深度的品牌认知过程，有助于提升品牌形象和用户对品牌的认知水平。用户参与品牌故事建设能够更加深入地了解品牌的核心价值、文化内涵以及与用户之间的情感联结。品牌故事是品牌传播的重要组成部分，是品牌形象和品牌认知的载体，能够通过讲述品牌的发展历程、核心理念、产品特色等内容，向用户展示品牌的独特魅力和价值所在。

2. 扩大品牌曝光度

用户参与品牌故事建设不仅有助于提升品牌形象，还能够显著扩大品牌的曝光度。这种参与性营销策略可以激发用户的参与和分享行为，将品牌的故事内容传播给更多的用户群体，从而在社交媒体和网络平台上扩大品牌的曝光度。这种曝光度的扩大对于品牌的影响力和知名度具有重要意义，有助于品牌在市场竞争中占据更有利的地位。

（二）加强品牌情感连接

1. 增强用户参与感

在用户参与品牌故事建设的过程中，他们不是被动接受品牌信息，而是参与品牌故事的创作、分享和互动，成为品牌故事的共同创作者和传播者，这种参与感增强了用户对品牌的归属感。

2. 强化品牌认同感

参与品牌故事建设能够在很大程度上强化用户对品牌的认同感。当用户深入参与到品牌故事的建设和传播过程中时，他们不仅仅是品牌的消费者，更成为了品牌故事的创作者和传播者。这种参与过程使用户更加深刻地理解品牌的文化内涵、核心价值观和理念，进而将自己的观念和价值观与品牌进行对接和融合。因此，用户不再只是简单地购买品牌的产品或服务，而是将品牌作为自己的一部分，并且愿意将品牌的故事和理念传播给他人。

3. 培养品牌忠诚度

用户参与品牌故事建设是培养品牌忠诚度的有效途径之一。用户参与品牌故事建设，能够与品牌之间建立起更为密切的情感联结。这种情感纽带不仅来自用户对品牌文化和理念的深入理解，还包括对品牌所传达的情感体验和价值观的共鸣。因此，用户参与品牌故事建设不仅是对品牌的认知和情感联结的加深，更是对品牌忠诚度的培养和巩固。

三、典型案例分析

“K 叔讲故事”品牌在近几年的快速发展，为我们提供了一个典型案例，展示了在儿童教育领域特别是有声读物领域取得成功的运营策略。以下是对该品牌运营策略的分析。

（一）“K 叔讲故事”发展现状

“K 叔讲故事”品牌于 2014 年由前 Y 视主持人兼配音员 WK 创立，被誉为“中国孩子的故事大全，亿万父母的育儿宝典”，成为家长和孩子们的首选教育资源之一。自创立以来，“K 叔讲故事”以其优质的内容赢得了受众的喜爱。2018 年，“K 叔讲故事”荣获伦敦国际书展颁发的“有声书出版大奖”，成为亚洲地区唯一获得该殊荣的内容提供者，进一步证明了其在全球范围内的影响力和地位。

（二）“K 叔讲故事”的内容运营策略

1. 内容生产

（1）故事种类丰富，生动有趣

“K 叔讲故事”旨在为孩子们讲述丰富多彩的故事。其故事主要分为六种类型，包括绘本故事、原创儿歌、经典童话、奇幻冒险、侦探推理和热门动画，涵盖科普百科和国学经典等内容。相比其他竞争对手，该品牌注重将人生观、世界观和价值观融入故事中，以寓教于乐的方式向儿童传递正能量。即使是抽象难懂的国学经典，也被赋予了生动的故事情节，深受孩子们的喜爱。

（2）精细化打磨，保证高品质

“K叔讲故事”注重内容制作的精细化与高标准，力求为用户带来最优质的体验。例如，每段故事都配有专属音乐，并请国内顶级画师为其制作插画。此外，团队对每个内容都经过反复加工，以保证最终的高品质。这种严格要求和精益求精的态度使得品牌在短时间内获得了巨大的成功，生动体现了团队对作品的极高要求。

（3）多种形式结合，巩固学习效果

“K叔讲故事”不仅提供传统的“配音＋配乐”形式的音频，还以不同的方式、效果和长度呈现内容，以加强学习效果。沉浸式的讲故事让孩子们仿佛身临其境，更易理解故事内容，增加趣味性。例如，在音乐厅中，使用歌曲的形式帮助孩子们记忆诗词，这种方式使诗词朗朗上口，加深了孩子们的记忆。同时，幽默的语言表达也有助于记忆。这种多样化而生动有趣的学习方式不仅巩固了学习效果，更重要的是它把学习融入了娱乐，达到了寓教于乐的目的。

2. 品牌塑造

（1）品牌个性

“K叔讲故事”的个性在品牌形象和品牌理念两个方面得到体现。其一，在品牌形象上，“K叔讲故事”采用了创始人WK的卡通形象作为品牌商标，这一形象具有鲜明的特点，包括光头和黑框眼镜，给人一种亲切的感觉。其二，“K叔讲故事”秉持着“让更多孩子拥有幸福的童年”的理念，以生动有趣、通俗易懂的方式讲述故事，使儿童在快乐中学习，从而实现学习与快乐的完美结合。这种品牌理念不仅彰显了品牌的个性化，也使品牌赢得受众的青睐和认可。

（2）品牌IP化

“K叔讲故事”通过IP化战略，将品牌形象和内容延伸到线下，打造了一系列周边产品，实现了IP价值的最大化。这些周边产品包括随手听、K叔造物、配套图书和学堂等。其中，随手听是一款配有K叔声音的智能音箱，可以通过语音识别播放用户喜爱的故事；K叔造物是一款以“K叔”为主题的创意玩具，能激发孩子的想象力和创造力；配套图书则是将K叔讲故事的内容以书籍形式呈现，便于孩子随时阅读；学堂则是提供线下课程，让孩子们在老师的指导下学习与成长。这些周边产品不仅丰富了品牌的产品线，也为品牌带来了可观的变现收入。同时，这些产品的推出也扩大了品牌的影响力和生命力，使“K叔讲故事”

品牌更加深入人心，成为家长和孩子们心目中的首选。

（三）“K叔讲故事”的用户运营策略

1. 用户获取：个人影响力+节目曝光

“K叔讲故事”在用户获取方面采取了多种策略，其中个人影响力和节目曝光是两个主要的手段。

首先，创始人WK拥有超过10年的播音主持经验和一定的粉丝基础，因此他的个人影响力成了品牌获取用户的重要渠道。WK以其在业界的知名度和影响力，成功地吸引了一批忠实的粉丝成为“K叔讲故事”的第一批用户。

其次，品牌还通过赞助知名节目实现曝光，进而吸引更多的用户。例如，2018年，WK主持并赞助了《声临其境》节目，在节目中不断插播“听故事就是K叔讲故事”的广告，借助节目的高收视率和受众喜爱度，品牌的知名度迅速提升，吸引了大量新用户。类似地，品牌还赞助了《带我去远方》等节目，通过这些节目的曝光，扩大了品牌的用户基础。

2. 用户留存：提升用户体验

用户留存是品牌持续发展的关键，为了提升用户留存率，“K叔讲故事”注重提升用户体验。

首先，品牌提供了丰富的免费内容，其中包括3000多个高质量的免费故事，涵盖国内外经典作品，这些免费内容吸引了用户的注意力，提高了用户留存率。同时，新用户可以免费体验会员服务14天，这样的体验期限足够用户体验品牌的服务质量和内容丰富程度，提升了用户的忠诚度和留存率。

其次，“K叔讲故事”还注重人性化设计，通过设计续播功能、最近播放功能以及文稿功能等，提升了用户的使用体验。例如，续播功能可以让用户在中断听故事后继续上次听到的进度，而最近播放功能则方便用户迅速找到最近听过的故事。此外，一些故事还提供了文稿功能，让用户可以查看该段音频的文字内容，提升用户的阅读体验。

（四）“K叔讲故事”的变现策略

“K叔讲故事”的变现方式本质上属于社群营销，有知识付费、会员制和优选商城。其运行方式为，将有共同需求的用户群体聚集到平台，提供有针对性的服务或产品，进而达到预期的目标。

1. 知识付费

“K 叔讲故事”通过知识付费实现变现，其付费内容主要包括学堂中的课程、专栏和微课。虽然平台提供了大量的免费故事，但为了获取更深入的内容和服务，用户需要支付一定的费用。这种知识付费的策略不仅能够带来收益，还能够为企业提供用户行为数据，从而更好地了解用户需求，优化产品内容。此外，付费内容的推出也为平台带来了口碑效应，因为用户愿意支付费用说明他们对内容的认可和信任程度。

在课程设计上，“K 叔讲故事”采取了会员优惠的策略，激励用户成为会员。这样的策略不仅能够增加会员数量，还能够促进付费内容的销售。同时，平台还通过显示参与或订阅人数的方式增加用户的购买欲望，形成了一种群体效应，进一步提高了付费内容的销售量。

2. 会员经济

会员模式是“K 叔讲故事”另一个重要的变现途径。不同等级的会员享受的权益不同。平台通过推出各种不同价位的会员套餐，可以更好地满足用户的个性化需求，提高用户的购买意愿。

平台为了吸引新用户开通会员，提供了免费会员体验和低价体验的机会。免费会员体验可以让用户在没有任何经济压力的情况下充分体验会员权益，从而增加用户对会员服务的认可度，提高了用户开通会员的可能性。这种会员经济的策略不仅可以增加平台的收益，还可以促进用户对平台的忠诚度和黏性。

3. 优选商城

优选商城是“K 叔讲故事”利用社群经济实现变现的重要方式之一。平台将拥有共同需求的用户聚集在一起，可以提高商品的曝光度，以促进销售。商城中的商品按照类型和功能进行分类，涵盖了儿童生活和学习中各种常用物品，为用户提供了多样化的选择。

平台为了提高商品的吸引力，在首页上设置了特定的栏目，突出部分商品，同时利用价格、新品和爆品等方式吸引用户点击。这样的设计能够提高商品的曝光度和点击率，进而增加销售量。

（五）“K 叔讲故事”对儿童有声读物运营的启示

“K 叔讲故事”在内容生产、用户留存和变现策略等方面进行了很多新的尝试和探索，对其他儿童有声读物运营者来说，有许多值得借鉴的地方。

1. 内容上追求极致

对于儿童有声读物运营者来说，“K 叔讲故事”在内容生产方面的做法提供了宝贵的启示。一是内容定位精准，他们从用户的角度出发，考虑不同年龄层次、不同兴趣爱好群体的需求，有针对性地组织内容生产。这种精准的内容定位能够满足用户的多样化需求，增加用户对平台的黏性。二是将内容打磨到极致，精益求精，确保每一段故事都能够达到最高的质量标准。这种对内容质量的追求不仅能够提升用户体验，还能够增加用户对平台的信任和忠诚度。三是兼顾父母的需求，在满足孩子学习需求的同时，也考虑到父母的教育观念和期望。这种全方位的考虑使得他们的内容更加具有吸引力和竞争力。

2. 深入洞察用户思维

“K 叔讲故事”成功的另一个关键在于他们深入洞察了用户的思维，准确把握了用户的需求和痛点。他们发现当前中国儿童学习压力过重，导致他们学习不快乐，因此提出了“让更多孩子拥有幸福的童年”的理念，并将其贯穿于内容生产的始终。这种深入洞察用户思维的做法使得他们的内容更加贴近用户需求，更加具有吸引力和影响力。儿童有声读物运营者们可以借鉴这种做法，通过积极与用户互动，了解用户的需求和反馈，不断优化产品和服务，提升用户体验。

3. 社群营销主导变现模式

“K 叔讲故事”采用的社群营销主导变现模式为其他儿童有声读物运营者提供了有益的启示。他们通过节目曝光和宣传吸引用户，再通过优惠的体验价吸引用户体验产品，最终通过优质故事、付费课程和优选商品等优质产品留住用户。这种社群营销主导的变现模式不仅能够增加收益，还能够促进更多优质产品的生产，形成良性循环。其他运营者可以借鉴这种模式，通过建立和运营社群，激发用户参与和购买的热情，实现变现目标。

第三节　社交媒体在品牌建设战略中的作用

一、社交媒体在品牌建设中的作用和价值

（一）提供直接互动平台

社交媒体平台的兴起为品牌提供了一个直接互动的渠道，使得品牌能够更加实时地了解用户的需求、偏好和反馈。品牌通过社交媒体可以与用户进行即时的

交流和互动，收集用户的意见、建议和反馈信息，从而更加全面地把握市场动态，及时作出调整和优化品牌策略，以提升用户体验和满足用户需求。

在社交媒体平台上，品牌可以通过发布调查问卷、开展投票活动、组织在线讨论等方式，主动引导用户参与互动，表达他们的看法和意见。同时，品牌还可以定期监测社交媒体上的用户评论、留言和提及，及时发现和了解用户的需求和反馈。这些反馈信息能够帮助品牌发现产品或服务中的不足之处，发现潜在的问题和痛点，及时进行改进和优化，以满足用户的需求和期待。

除了收集用户反馈外，品牌还可以通过社交媒体平台进行用户行为分析，了解用户的浏览、点击、转发等行为，分析用户的兴趣和偏好，为品牌提供更深入的用户洞察。品牌通过对用户行为的分析，可以更加准确地把握用户的需求和偏好，精准定位目标用户群体，为其量身定制个性化的产品或服务，提升用户体验和满意度。

（二）重要传播渠道

社交媒体在当今数字时代扮演着至关重要的角色，成为品牌重要传播渠道之一。其广泛的覆盖面和高效的传播效果使得社交媒体成为品牌扩大影响力和提升曝光度的理想平台。品牌通过在社交媒体上发布内容、分享资讯，能够快速触达大量用户，从而迅速扩大品牌的影响力。

此外，社交媒体平台为品牌传播效果的最大化提供了一个强大的舞台。在这个平台上，品牌可以采用各种策略和手段制造话题、引发讨论，从而吸引更多用户关注和参与，以实现品牌传播效果的最大化。

（三）建立口碑和形象

社交媒体作为用户交流和分享信息的主要平台之一，在塑造品牌口碑方面发挥着至关重要的作用。品牌通过积极管理社交媒体平台，能够有效地影响用户对其品牌的印象和评价，进而形成良好的口碑。

此外，品牌在社交媒体上积极参与互动、回应用户问题和关注，对于增强品牌信任度具有重要作用。这种直接的沟通方式可以有效地展示品牌的诚信和透明度，从而建立其与用户之间的信任关系。

二、社交媒体对品牌建设战略的影响和应用策略

（一）制订有效的传播策略

1. 确定内容类型和发布频率

（1）内容类型的选择

不同的社交媒体平台适合不同类型的内容。品牌需要根据目标用户群体的偏好和平台特点，选择最适合的内容类型，以吸引用户的注意力和增强互动性。

（2）发布频率的把握

品牌在制订发布频率时需要平衡保持活跃度和避免用户厌烦之间的关系。过度频繁的发布可能会导致用户的疲劳和忽视，而发布不足则会使品牌在用户心目中的印象淡化。因此，品牌需要通过数据分析和实验来确定最佳的发布频率，以保持用户的关注度和参与度。

2. 制订传播时间策略

（1）根据用户活跃时间选择发布时段

品牌需要根据目标用户群体的活跃时间选择最佳的发布时段，以确保内容能够在用户活跃高峰期获得更多的曝光和互动。品牌通过分析用户数据和平台提供的统计信息，可以了解用户的活跃规律和偏好，选择最适合的发布时间段。

（2）考虑不同地区和时区的影响

如果品牌的目标用户群体分布在不同地区或时区，那么需要考虑不同地区和时区的用户活跃时间，选择能够覆盖多个地区和时区的发布时段。这将有助于品牌最大限度地扩大传播范围，吸引更多地域的用户参与互动。

（二）积极参与互动和沟通

1. 回复用户评论和私信

品牌应当密切关注社交媒体上用户对品牌的评论和留言，在第一时间内进行回复和互动。通过积极回复用户评论，品牌能够表现出对用户的关注和重视，增强用户的满意度和忠诚度。

除了公开的评论区外，私信也是用户表达意见和提出问题的重要渠道。品牌需要及时回复用户的私信，解决用户的问题和困惑，与其建立良好的一对一沟通关系，提升用户体验和满意度。

2. 参与话题讨论和用户活动

品牌可以通过关注热门话题，参与相关的讨论和互动，与用户建立共鸣和联系。品牌通过在话题讨论中表达观点和态度，增强自身在用户心中的形象和地位。

品牌还可以定期举办各种用户活动，如抽奖、问答等活动，吸引用户参与和互动。品牌通过这些活动，可以增加用户的参与感和忠诚度，同时收集用户反馈和建议，为品牌的优化提供有益参考。

（三）及时调整优化策略

1. 监测用户反馈和负面新闻

品牌应该定期收集和分析社交媒体上的数据，包括用户互动、评论、转发等指标，以了解用户对品牌的反馈和情绪变化。品牌通过数据分析，可以及时发现用户关注的热点和问题，为后续决策提供依据。

此外，品牌可以借助追踪社交媒体上的舆情动态和话题热度，以帮助品牌快速发现负面新闻和危机事件，并及时采取措施进行应对和处理，降低危机对品牌形象的影响。

2. 调整品牌定位和传播策略

品牌需要根据社交媒体上的用户反馈和市场变化，及时调整品牌定位和传播策略。这可能涉及重新定位目标用户群体、调整产品定位和定价策略等方面的内容，以适应市场需求和用户偏好的变化。

品牌还可以根据社交媒体上的用户数据和行为特征，制订个性化的营销策略。品牌通过定向投放广告、推送定制化内容等方式，可以更精准地触达目标用户，提升品牌与用户之间的互动和关联度。

3. 持续优化品牌形象

品牌应该持续优化其在社交媒体上发布的内容，不断创新和提升用户体验。品牌通过发布优质内容、参与有意义的话题讨论等方式，可以吸引更多用户关注，提升品牌在社交媒体上的影响力和知名度。

此外，品牌可以通过创建品牌社群的方式，与用户建立更紧密的关系。在社交媒体上建立专属的品牌社群，可以为用户提供交流、分享和互动的平台，增强用户对品牌的归属感和忠诚度。

第五章　数字时代的用户参与与互动

第一节　用户参与度的提升策略

一、提升用户参与度的策略和方法

在数字时代，品牌要想在竞争激烈的市场中脱颖而出，就需要提升用户参与度，让用户更加积极地参与品牌的内容和活动。以下是几种策略和方法，可以帮助品牌有效提升用户的参与度。

（一）内容个性化

1. 用户画像分析

品牌通过数据分析和用户调研，能够深入了解目标用户的兴趣、偏好、行为习惯等信息，从而形成更为准确和全面的用户画像。数据分析可以帮助品牌收集和整理大量用户数据，包括用户在社交媒体平台上的互动行为、浏览记录、购买行为等，通过对这些数据的分析，品牌可以洞察用户在兴趣爱好、消费习惯、生活方式等方面的特征。同时，品牌还可以通过用户调研，主动了解用户的需求、期望和反馈意见，从而进一步完善用户画像。

形成准确的用户画像对于品牌制定个性化内容和精准营销策略至关重要。基于深入的用户画像，品牌可以更加精准地把握用户的需求和偏好，定制符合用户口味的产品和服务，并通过个性化的营销活动和内容推送，满足用户的个性化需求，提升用户的满意度和忠诚度。例如，针对不同用户群体的特点和偏好，品牌可以制定不同的营销方案和推广活动，提高活动的针对性和效果。

形成准确的用户画像还可以帮助品牌发现潜在的市场机会和用户需求。通过对用户数据的深入分析，品牌可以发现用户的新兴需求和趋势，及时调整产品策略和市场定位，抢占市场先机，提升品牌的竞争力和市场地位。

2. 定制化推荐

基于用户画像的定制化推荐是品牌在数字营销中的一项重要策略。通过智能推荐算法，品牌可以根据用户的兴趣、偏好、行为习惯等个性化信息，向用户推送具有针对性的内容，从而提高用户的参与度和留存率。

首先，利用用户画像进行定制化推荐可以有效提高内容的匹配度。品牌可以根据用户的历史行为数据和偏好信息，精准地预测用户可能感兴趣的内容类型和主题，从而在海量内容中为用户筛选出最具吸引力的推荐内容。这样，用户在接收到的推荐内容中更容易找到符合自己兴趣的内容，提高了用户的满意度和参与度。

其次，定制化推荐可以增强用户体验。通过向用户推送个性化的内容，品牌能够为用户打造定制化的信息流，让用户更愿意停留在品牌的平台上，并持续与品牌进行互动。这种个性化的用户体验能够提升用户的满意度和忠诚度，促进用户与品牌的深度互动，进而增强品牌与用户之间的情感连接。

定制化推荐还有助于提高用户留存率。当用户在品牌的平台上得到个性化的推荐服务，并且能够持续获得符合自己兴趣的内容时，他们会更频繁访问品牌平台和使用品牌的产品或服务。这样，品牌可以有效提高用户的留存率，实现用户的长期价值最大化。

3. 互动式体验

互动式体验是数字营销中的一种有效策略，通过开展具有互动性的活动，如答题、投票、互动游戏等，可以吸引用户参与，增加用户的参与感和黏性，从而提升品牌的曝光度和用户体验。

首先，互动式体验能够吸引用户的注意力。在数字时代，品牌面对大量信息的竞争，吸引用户的注意力变得尤为重要。互动式内容往往具有独特的吸引力，用户参与其中时会感受到一种活跃、有趣的体验，从而更容易被吸引和留下来。例如，通过制作有趣的互动游戏或者投票活动，品牌能够吸引用户的注意力，让用户愿意花费更多的时间与品牌互动。

其次，互动式体验能够增强用户的参与感。在传统的内容传播中，品牌往往是被动接收者，而互动式体验则可以让用户参与其中，成为内容的创造者和共享者。通过答题、投票等形式的互动，用户能够感受到自己的意见和选择的重要性，增强了对品牌的参与感和认同感。这种参与感能够激发用户的兴趣，增加他们与品牌的互动频率，进而提高用户的忠诚度。

互动式体验也有助于提升用户的黏性。当用户参与了互动式内容体验后，往往会产生一种更强的情感连接和黏性。他们会觉得与品牌之间建立了一种特殊的联系，更愿意持续关注和参与品牌的活动。因此，品牌通过制作具有互动性的内容，能够提升用户的黏性，使用户更加愿意与品牌保持长期的互动和联系。

（二）举办互动活动

1. 投票和抽奖活动

举办投票或抽奖活动是一种常见的营销手段，能够有效地激发用户的参与热情，增加品牌与用户之间的互动和联系。通过这些活动，品牌可以促进用户参与，同时提升品牌曝光度和用户参与度。

首先，投票和抽奖活动能够吸引用户的注意力。人们对于投票和抽奖往往抱有一定的好奇心和期待，因此这类活动往往能够迅速吸引用户的关注。用户参与投票或抽奖活动时，会感受到兴奋和期待，从而更愿意参与到品牌活动中。

其次，投票和抽奖活动有助于增加用户的参与度。用户参与投票活动时，需要表达自己的观点或选择，而参与抽奖活动则需要完成特定的任务或条件。这种参与过程会让用户感到自己的行为对活动结果有一定的影响，增强了他们的参与感和投入度。

投票和抽奖活动也能够促进用户之间的互动和分享。在这些活动中，用户通常会被鼓励将活动分享给其他用户，邀请他们一起参与。这种口口相传的传播方式能够扩大活动的影响范围，提升品牌的曝光度和知名度。同时，用户之间的互动也能够增强社群感，促进用户之间的交流和互动。

2. 用户生成内容比赛

用户生成内容比赛是一种有效的营销策略，可以促进用户参与和创作，同时增强品牌与用户之间的互动和联系。通过这种比赛，品牌可以激发用户的创作热情，提升用户对品牌的参与度和忠诚度。

首先，用户生成内容比赛能够激发用户的创作积极性。参与比赛的用户有机会展示自己的创意和才华，创作与品牌相关的内容，如图片、视频、故事等。这种创作过程能够满足用户表达自己的愿望和创造力，增强用户对品牌的情感认同。

其次，用户生成内容比赛能够增强品牌与用户之间的互动和联系。通过比赛，品牌能够与用户建立更为密切的联系，从而了解用户的需求和兴趣。品牌可以根据用户生成的内容，提供反馈和互动，进一步增强品牌与用户之间的情感连接。

优秀作品可以获得奖励或被品牌推广，可以激励更多用户参与比赛。奖励机制能够提高用户参与的积极性，提高比赛的参与度和影响力。同时，品牌可以将优秀作品用于品牌推广，扩大品牌的曝光度和影响力，进一步加强与用户的联系。

3. 线上线下结合

线上线下结合的营销策略可以充分利用线上平台和线下实体活动的优势，扩大活动的影响力，增强用户的参与度和互动体验。品牌通过在线上平台发布活动信息，并结合线下实体活动的举办，能够实现多维度的宣传和互动，从而更好地吸引用户的关注和参与。

首先，线上平台的广泛覆盖和便利性能够帮助品牌快速传播活动信息。品牌在社交媒体、品牌网站等在线平台发布活动通知，可以迅速触达大量用户，并引导他们关注和了解活动内容。这种方式能够有效提高活动的知名度和曝光度，为后续的线下实体活动做好准备。

其次，线下实体活动可以增强用户的参与度和互动体验。品牌通过举办线下活动，能够与用户面对面交流，提供更加直观和真实的体验。用户可以参与各种互动环节，如游戏、抽奖、体验活动等，增强活动的趣味性和参与度。这种线下互动能够让用户更加深入地了解品牌，增强对品牌的好感度和忠诚度。

线上线下结合还能够提高活动的影响力和效果。品牌通过在线上平台发布活动信息，吸引用户关注，再结合线下实体活动的举办实现线上线下的互通互动，形成良好的宣传效果。用户参与线下活动后，还可以通过线上平台分享活动照片和体验，进一步扩大活动的影响范围，形成良好的口碑传播效应。

（三）开展社区建设

1. 创建社交媒体社区

创建社交媒体社区是品牌与用户建立紧密联系的重要方式之一。通过在主流社交媒体平台上建立品牌社区，品牌可以为用户提供一个开放的交流和分享空间，促进用户之间以及用户与品牌之间的互动和交流。在这个社区中，品牌可以发布各类内容，包括产品信息、品牌故事、行业趋势等，从而吸引用户的关注和参与。

首先，品牌社区可以作为一个信息发布的平台。品牌可以定期发布与产品、服务或行业相关的内容，包括新品发布、活动通知、行业资讯等，以保持用户的关注度和参与度。这种信息的发布不仅可以提升品牌的曝光度，还可以增加用户对品牌的了解和增强信任感。

其次，品牌社区是用户互动的重要场所。在社交媒体社区中，用户可以发表评论、提出问题、分享使用体验等，与品牌以及其他用户进行交流和互动。品牌可以及时回复用户的评论和问题，与用户建立更加密切的联系，增强用户对品牌的认同感和忠诚度。

品牌社区还可以成为用户分享和表达的平台。用户可以在社区中分享与品牌相关的内容，如使用心得、产品照片、品牌故事等，从而增强用户之间的情感连接，形成良好的口碑传播效应。品牌可以鼓励用户参与内容创作，提供一定的奖励或福利，激发用户的参与热情和创造力。

2. 搭建品牌社区平台

品牌搭建自己的社区平台是构建用户与品牌之间密切联系的有效途径之一。品牌通过搭建专属的社区平台，可以为用户提供一个更加个性化和专注的交流空间，从而增强用户的参与感和品牌的影响力。这样的社区平台可以采用多种形式和功能，以满足不同用户的需求和偏好。

首先，论坛是品牌社区平台的重要组成部分之一。在论坛上，用户可以通过发布帖子、发起话题讨论、回复其他用户的帖子等方式，进行各种形式的交流和互动。品牌可以设置不同的板块，涵盖产品讨论、行业资讯、用户故事分享等内容，为用户提供一个多元化的交流空间。

其次，博客是品牌社区平台的又一种形式。品牌可以在社区平台上开设官方博客，定期发布与品牌相关的内容，包括产品介绍、品牌故事、行业趋势等。用户可以在博客下方留言评论，与品牌进行互动和反馈，促进品牌与用户之间的交流和沟通。

除此之外，专题讨论是社区平台的又一种形式，品牌可以针对特定主题或事件开展专题讨论，邀请用户参与并分享自己的见解和观点。这样的专题讨论可以增加用户对品牌的关注度和参与度，提升品牌在用户心中的地位和形象。

（四）积极回应用户反馈

1. 即时回复和互动

在社交媒体上对用户的评论和提问进行即时回复和互动是品牌与用户建立积极互动的关键之一。这种即时的互动机制不仅能够增强用户的参与感和满意度，还能够有效促进用户与品牌之间的密切互动和交流。

首先，即时回复能够体现品牌对用户的重视和关注。当用户在社交媒体上发表评论或提出问题时，品牌能够立即做出反馈和回复，让用户感受到自己的声音得到了重视和关注。这种即时的回复行为能够增强用户的满意度，建立起用户对品牌的信任和好感。

其次，即时互动能够提升用户的参与感和忠诚度。当用户得到及时的回复和互动时，会感受到与品牌之间的真实沟通和互动，从而增强自身的参与感和归属感。这种参与感会促使用户倾向于与品牌进行进一步的互动和交流，提高用户对品牌的忠诚度和留存率。

即时回复和互动也有助于品牌塑造良好的品牌形象和口碑。通过及时回复用户的评论和提问，品牌的专业水准和积极负责的态度得到展示，树立了良好的品牌形象。这种良好的品牌形象会被用户传播和分享，进而提升品牌在社交媒体上的声誉和口碑。

2. 用户建议采纳

品牌在与用户进行互动和交流的过程中，应当认真倾听用户的意见和建议，并且在适当的时候采纳用户的建议。这种互动方式不仅可以增加用户的参与感和归属感，还能够显著提升用户对品牌的认同度和忠诚度。

首先，品牌倾听用户的意见和建议能够体现品牌对用户的尊重和重视。用户是品牌发展的重要参与者，他们的意见和建议能够为品牌提供宝贵的反馈和改进方向。品牌若能积极倾听并采纳用户的建议，将体现出品牌对用户的尊重和信任，增加用户对品牌的认同感。

其次，采纳用户建议可以提高产品或服务的质量和用户体验。用户通常会提出有针对性的建议，希望品牌能够改进现有的产品或服务，以满足其需求和期待。如果品牌能够积极采纳这些建议，并将其转化为实际行动，不仅能够提升产品或服务的质量，还能够提高用户的满意度和忠诚度。

品牌采纳用户建议还能够促进品牌与用户之间的互动和交流。当用户的建议得到采纳并产生实际影响时，用户会感到自己被重视和被听取，从而增强了他们的参与感和归属感。这种积极的互动将会进一步拉近品牌与用户之间的距离，建立起更为紧密的关系。

二、用户参与度提升对品牌传播效果的影响

（一）增强品牌认知和曝光度

提升用户参与度对品牌的认知和曝光度有着重要的影响，主要体现在内容传

播扩散和用户 UGC 推动两个方面。

1. 内容传播扩散

用户参与度的提升会激发品牌内容在社交媒体上的传播，促进内容的扩散和曝光。以下是具体的分析。

（1）用户参与推动

随着用户参与度的提升，用户更倾向于与品牌互动，包括点赞、分享、评论等行为。这些互动行为将品牌内容推送到更多用户的视野中，增加了内容被浏览和传播的机会。

（2）社交分享效应

用户参与品牌活动、分享品牌资讯等行为会引发社交分享效应，进一步扩大品牌内容的传播范围。当用户分享品牌内容时，他们的社交圈也会被牵引进来，从而形成内容的连锁传播效应，提高了品牌内容在社交媒体上的扩散速度。

（3）提升内容曝光度

用户参与度的提升意味着更多的用户与品牌内容进行互动和接触，从而增加内容的曝光度。这些互动行为会使品牌内容在社交媒体上更加频繁地出现在用户的时间线上，增加了用户接触品牌的机会，进而增强了对品牌的认知度。

2. 用户 UGC 推动

用户参与度的提升也意味着更多用户生成内容（UGC）的产生，用户分享品牌使用体验，参与品牌活动的照片、视频等，从而推动了品牌在社交媒体上的曝光和认知。

（1）UGC 的内容多样性

随着用户参与度的提升，UGC 的内容也会更加丰富多样，涵盖了用户对品牌的各种体验和观点。这些多样化的内容会吸引更广泛的受众，帮助品牌触达不同人群，从而扩大品牌的曝光面。

（2）UGC 的真实性和可信度

用户生成的内容往往具有真实性和可信度，因为它们是用户自发产生的，反映了真实的用户体验和情感。这种真实性和可信度能够吸引更多用户关注和参与，从而增强了用户对品牌的认知度和信任度。

（3）UGC 的社交影响力

UGC 在社交媒体上的分享和传播会引发社交影响力效应，影响其他用户对品牌的看法和态度。当用户看到朋友或关注者分享的正面 UGC 内容时，会受到鼓舞，更倾向于尝试品牌或关注品牌，进而增强了品牌的曝光度和认知。

（二）促进用户忠诚度

提升用户参与度对品牌忠诚度的影响主要体现在情感联系加强和用户参与体验两个方面。

1. 情感联系加强

用户参与度的提升有助于建立更加紧密的情感联系，以下是具体的分析。

（1）深入了解品牌文化和价值观

通过参与品牌活动、与品牌互动等方式，用户可以更深入地了解品牌的文化、理念和价值观。这种深入了解使用户能够建立起与品牌更为紧密的情感联系，因为他们能够认同品牌的核心价值，从而更加愿意与品牌保持长期的关系。

（2）情感认同感增强

参与度提升意味着用户更加积极地参与到品牌活动和互动中，这种积极的参与体验会增强用户对品牌的情感认同。当用户感受到品牌的关注和支持时，会更加情愿地表达对品牌的喜爱和忠诚，从而增强了对品牌的忠诚度。

2. 用户参与体验

用户参与度的提升意味着用户更积极地参与到品牌活动、互动和社区讨论中，以下是具体的分析。

（1）积极的参与体验

用户参与度的提升使用户能够参与到品牌活动和互动中，享受到积极的参与体验。这种积极的参与体验会增加用户的满意度和忠诚度，因为用户会感受到品牌对他们的重视和关心，从而更愿意与品牌建立长期的关系。

（2）增强用户满意度

参与度提升意味着用户更频繁地参与到品牌活动和互动中，这些参与过程本身就是一种用户体验。当用户在参与过程中获得满足感和愉悦感时，他们对品牌的好感度和忠诚度会相应增加，因为他们愿意与能够带来积极体验的品牌建立更加紧密的联系。

（三）引发口碑传播

1. 用户推荐行为

用户的参与度提升往往会引发用户之间的口碑传播，这种口碑传播对品牌的传播效果具有重要影响。当用户积极参与品牌活动、分享品牌内容时，他们往往倾向于向他人推荐该品牌，从而形成良好的口碑效应，进一步提升品牌的传播效果。

首先，用户参与度的提升意味着用户对品牌的积极认同和参与。用户参与品牌活动、分享品牌内容，表明他们对品牌有着一定程度的信任和认同，愿意主动与品牌进行互动并为其宣传。

其次，用户推荐行为是用户对品牌体验的积极反馈。当用户参与了品牌活动或分享了品牌内容后，如果他们对品牌有着良好的体验和感受，往往会愿意向他人推荐该品牌，分享他们的积极体验，从而增强了品牌的口碑效应。

最后，用户推荐行为是品牌传播的有效途径之一。口碑传播具有高度的可信度和说服力，当用户向他人推荐品牌时，往往会产生更加积极的影响，潜在消费者更容易受到他们的影响而选择尝试该品牌的产品或服务，从而扩大了品牌的受众群体和提高了影响力。

因此，用户参与度的提升往往会引发用户之间的口碑传播，形成良好的口碑效应，进一步提升品牌的传播效果。品牌应该通过提供有吸引力的活动和内容，激发用户的参与度，从而促进用户之间的口碑传播，加强品牌的市场影响力和竞争优势。

2. 社交影响力

用户参与度的提升对品牌在社交网络中的影响力具有重要作用。当用户积极参与品牌活动、分享品牌内容时，他们不仅影响着自身的社交圈子，还可能将品牌信息扩散至更广泛的社交网络，进一步增强品牌的曝光度和影响力。

首先，用户参与活动和分享内容是社交网络中信息传播的重要驱动力。在社交媒体上，用户的行为和互动会引发其他用户的关注和参与，从而形成信息传播的链式反应。当用户参与品牌活动、分享品牌内容时，他们的行为往往会被其社交圈子的其他用户看到，并可能被转发、评论或点赞，进而将品牌信息传播给更多的人。

其次，用户在社交网络中的行为可能会引发话题讨论和传播效应。当用户参与到具有争议性或吸引人的品牌活动中时，他们的行为往往会引发其他用户的关注和讨论，形成热门话题，从而进一步扩大了品牌在社交网络中的曝光度和影响力。这种话题讨论往往会引起更多用户的参与和关注，形成品牌传播的良性循环。

最后，用户在社交网络中的参与行为还可能影响到品牌的声誉和形象。当用户积极参与品牌活动、分享正面的品牌内容时，他们的行为有助于树立品牌的良好形象，增强品牌的信誉和吸引力。相反，用户如果对品牌持消极态度或分享负面内容，可能会对品牌形象造成负面影响，降低品牌的社交影响力。

因此，用户参与度的提升将增强品牌在社交网络中的影响力。品牌应该通过提供有吸引力的活动和内容，激发用户的参与度，从而扩大品牌的曝光度和影响力，提升品牌在社交网络中的地位和扩大声誉。

第二节　互动性内容的创新与实践

一、互动性内容创新与实践的路径和方式

（一）虚拟现实（VR）和增强现实（AR）技术

1. 虚拟试衣间体验

品牌可以借助虚拟现实（VR）技术开展虚拟试衣间体验活动，为用户提供一种全新的购物体验。虚拟试衣间通过模拟真实的试衣环境，让用户在虚拟环境中尝试不同款式、颜色和尺寸的服装，以便更好地了解其在真实身体上的效果。这种沉浸式的体验使用户能够更直观地感受到产品的质感、剪裁和搭配效果，从而增强其购买欲望和信心。

首先，虚拟试衣间为用户提供了一种便捷的试衣体验。传统的试衣过程可能需要用户在实体店中试穿多件服装，费时费力，而虚拟试衣间则可以通过 VR 设备在家中就能完成，节省了用户的时间和精力。用户可以通过 VR 眼镜或智能手机应用，随时随地进入虚拟试衣间，尝试各种款式的服装，体验线上购物的便利性和实用性。

其次，虚拟试衣间为用户提供了更加个性化的购物体验。通过 VR 技术，品牌可以根据用户的身体尺寸和个性化偏好，实现定制化的试衣体验。用户可以在虚拟环境中调整服装的大小、颜色和款式，以便更好地满足其个性化需求。这种个性化的试衣体验能够增强用户的购物体验和满意度，提高用户的购买意愿和忠诚度。

虚拟试衣间还可以帮助用户更好地理解产品特性和优势。通过 VR 技术，品牌可以在虚拟环境中展示服装的细节、面料和剪裁，让用户更加直观地了解产品的质量和设计。用户可以通过观察服装的材质、质感和剪裁，评估其适合程度和舒适度，从而更加信任和认同品牌。

2. AR 互动游戏

品牌可以充分利用增强现实（AR）技术，开发各种创新的互动游戏，为用

户提供与虚拟元素互动的趣味性体验。AR 技术将虚拟数字内容叠加到现实世界中，使用户可以在手机或平板电脑的屏幕上看到虚拟元素与真实环境相互交互，从而创造出全新的游戏体验。

第一，AR 互动游戏能够极大地增加用户的参与度和互动性。相比传统的游戏形式，AR 游戏将虚拟元素与真实世界融合在一起，使用户能够在自己身处的环境中参与游戏，增强了游戏的真实感和趣味性。用户可以通过移动设备在现实场景中进行游戏，与虚拟元素进行互动，例如，在家中或户外寻找虚拟宝藏，与虚拟角色进行对战或合作等，从而激发起用户的好奇心和探索欲望，提高用户的游戏参与度和投入度。

第二，AR 互动游戏能够吸引用户的注意力，增加品牌的曝光度和影响力。由于 AR 技术的创新性和趣味性，用户更愿意尝试新颖的游戏体验，并在社交媒体上分享自己的游戏经历和成就，从而为品牌带来更多的曝光度和口碑传播。品牌可以通过开发有趣的 AR 游戏，吸引用户参与，增强品牌在用户心中的好感度和认知度，从而提升品牌的社交影响力和品牌忠诚度。

第三，AR 互动游戏还可以为品牌提供更多的营销机会和商业价值。品牌可以在游戏中巧妙地融入自己的产品、品牌形象或营销信息，与用户进行互动和体验，从而增加用户对品牌的认知和好感度。同时，品牌还可以通过游戏中的虚拟商品销售、广告投放等方式获取商业收益，实现品牌与用户双赢。

（二）即时互动直播

1. 产品发布直播

品牌在产品发布时利用直播平台进行即时互动直播活动是一种有效的营销策略。通过直播平台，品牌可以实时向用户展示新产品的发布和介绍过程，以及产品的特点和优势。这种直播形式为品牌提供了一个与用户直接交流的渠道，有效地增强了用户的参与感和互动性。

在直播过程中，品牌可以与用户进行实时互动，回答用户提出的问题，展示出产品的特性，并提供实时的产品演示。这种实时互动的方式可以让用户感受到自己被重视和听取意见的价值，增强用户的参与感和归属感。同时，品牌也可以借助直播平台收集用户的反馈和意见，了解用户对新产品的看法和期待，为产品的优化和改进提供有益的参考。

除了提供产品信息和互动体验外，直播平台还可以为品牌带来更广泛的曝光和传播。通过直播平台进行产品发布活动,品牌可以吸引大量观众的关注和参与,提高品牌的曝光度和知名度。同时,用户在直播过程中的评论和分享行为也会进一步扩大品牌的影响力,为品牌的推广和营销增添动力。

利用直播平台进行产品发布直播活动是一种创新而有效的营销手段。品牌通过实时互动和直播展示可以增强用户的参与感,提升产品的曝光度和传播效果,从而促进产品销售和品牌发展。随着直播技术的不断发展和普及,产品发布直播活动将成为品牌营销的重要组成部分,为品牌带来更多的商机和市场机会。

2. 问答环节和抽奖活动

在直播活动中设置问答环节和抽奖活动是一种促进用户参与和增强互动性的有效策略。品牌通过这些互动环节可以吸引用户的注意力,激发用户的参与热情,从而提升直播活动的吸引力和影响力。

首先,问答环节为用户提供了参与互动的机会。在直播过程中,品牌可以提出一些与产品或品牌相关的问题,鼓励用户通过评论或弹幕回答。这种形式不仅可以检验用户对品牌信息的了解程度,还可以增加用户的参与感和投入度。用户积极参与问答环节,不仅能够加深对品牌的认知,还可以获得一种参与感和成就感,从而更加愿意持续关注和支持品牌。

其次,抽奖活动是吸引用户参与的另一种方式。品牌可以在直播过程中设立抽奖环节,邀请用户参与抽奖,赢取丰厚的奖品或优惠券。这种形式不仅能够增加用户参与的积极性和热情,还可以提升直播活动的互动性和趣味性。用户参与抽奖活动的动机是获得奖品,而品牌则通过抽奖活动吸引用户的关注和参与,进而提升直播活动的观看率和互动效果。

(三)个性化互动体验

1. 定制化推荐活动

定制化推荐活动是一种利用用户数据和偏好进行个性化互动体验的有效策略。品牌通过分析用户的购买记录、浏览历史、点击行为等数据,可以更准确地了解用户的兴趣和需求,从而向其推荐符合其个性化偏好的产品或服务。这种个性化推荐不仅能够提高用户对品牌的满意度和忠诚度,还能够增强用户参与互动活动的积极性和体验感。

首先,定制化推荐活动能够增强用户的参与度。通过向用户推荐他们感兴趣的产品或服务,品牌可以引导用户更加主动地参与互动体验活动。用户会更加愿意参与与自己兴趣相关的活动，从而增加他们在品牌活动中的投入和参与度。这种个性化推荐不仅提高了用户的参与感，也增强了他们对品牌的好感度和忠诚度。

其次，定制化推荐活动可以提升用户的互动体验。品牌通过向用户推荐符合其兴趣和需求的产品或服务，可以为用户打造更加个性化、贴心的互动体验。用户在参与个性化推荐活动时会感受到品牌的关注和关心，从而增强其对品牌的认同感和信任度。这种个性化互动体验不仅能够提升用户的满意度，而且能够促进品牌与用户之间的良好关系，为品牌的长期发展奠定基础。

2. 定制化互动内容

定制化互动内容是品牌在互动营销中的一项重要策略，通过为不同用户群体设计个性化的互动体验活动，满足用户的多样化需求，增强用户参与度和互动体验。这种策略的实施可以有效地提升品牌与用户之间的互动效果，加强用户对品牌的认知和情感连接。

首先，定制化互动内容能够更好地满足不同用户群体的需求。不同年龄、性别、地域等特征的用户群体在兴趣、偏好和行为习惯上存在差异，因此，品牌可以根据这些特征设计不同风格和主题的互动内容。例如，针对年轻用户群体，可以设计时尚潮流的互动活动；针对家庭用户群体，可以提供与家庭生活相关的互动体验活动。通过定制化互动内容，品牌能够更精准地触达目标用户群体，提高用户参与度和满意度。

其次，定制化互动内容有助于增强用户的互动体验。当用户在参与个性化的互动活动时，会感受到品牌对他们的关注和重视，从而更加愿意参与和互动。定制化的互动内容能够满足用户的个性化需求，提供更具吸引力和趣味性的互动体验，使用户在参与活动的过程中获得更多的乐趣和满足感。这种个性化的互动体验不仅能够促进用户与品牌之间的情感连接，而且能够增强用户对品牌的认同度和忠诚度。

二、互动性内容对用户体验和品牌形象的影响

（一）提升用户参与感和满意度

互动性内容能够提升用户参与感和满意度，为用户带来更丰富、更个性化的体验，从而增强对品牌的认知和情感连接。

1. 实时互动体验

（1）直接的沟通和互动机会

互动性内容为用户提供了与品牌直接互动的机会，如评论、回复、投票、问

答等形式的互动能够使用户感到自己的参与是被重视和被关注的，从而增强了他们的参与感和满意度。例如，一些品牌在社交媒体上开展问答活动，及时回复用户的提问，为用户提供了及时反馈和解决问题的机会，增强了用户的满意度。

（2）实时反馈和互动

互动性内容的特点之一是能够提供实时的反馈和互动体验。用户可以立即看到自己的评论、反馈得到品牌的回复或者其他用户的互动，这种即时性增强了用户对参与的感知，提高了用户的满意度。例如，一些品牌在直播活动会实时回复用户的评论和提问，让用户感受到品牌的关注和回应，增强了他们对品牌的满意度和忠诚度。

2. 个性化体验

（1）定制化内容和互动方式

互动性内容通常具有个性化的特点，能够根据用户的兴趣、行为和偏好提供定制化的体验。通过了解用户的个性化需求，品牌可以提供与用户兴趣相关的内容和互动方式，从而增强用户的参与感和满意度。例如，一些品牌会根据用户的浏览历史和偏好推荐个性化的产品或服务，让用户感受到品牌对自己的了解和关注，从而增强了他们的满意度和忠诚度。

（2）个性化互动和反馈

除内容定制外，互动性内容还可以通过个性化的互动和反馈增强用户的满意度。品牌可以根据用户的行为和反馈，提供个性化的互动体验和反馈内容，使用户感受到品牌的个性化关怀和服务，从而增强了他们的参与感和满意度。例如，一些品牌会根据用户的购买历史和偏好提供个性化的促销活动和优惠券，让用户感受到品牌对自己的特别关注，从而增强了他们的满意度和忠诚度。

（二）加深用户品牌印象

互动性内容为用户提供了更加深入的品牌体验，有助于加深用户对品牌的认知和印象，形成积极的品牌形象。

1. 品牌个性展示

（1）独特魅力展示

互动性内容为品牌展示个性和特色提供了平台，让用户更直观地感受到品牌的独特魅力。品牌通过互动可以展示其独特的品牌文化、价值观和风格，从而深入用户心中，加深他们对品牌的印象。例如，一些品牌会通过有趣的互动游戏或挑战展示其独特的品牌个性，吸引用户参与并留下深刻的印象。

（2）内容创新与探索

互动性内容的创新和探索也是展示品牌个性的重要途径。品牌可以通过不断创新的内容形式和互动方式，展示其与众不同的品牌形象和风格。例如，一些品牌会利用虚拟现实（VR）或增强现实（AR）技术创造出独特的互动体验，让用户感受到与众不同的品牌个性，从而加深他们对品牌的印象。

2. 情感连接

（1）建立情感联系

积极参与互动是建立品牌与用户之间情感联系的重要途径之一。当用户在互动过程中感受到品牌的关注和重视时，他们往往会建立更加密切的情感联系。这种情感联系不仅促进了用户对品牌的认知，还深刻影响了他们对品牌的态度和行为。

互动性内容的设计能够激发用户的情感共鸣，从而加深用户与品牌之间的情感连接。通过情感化的内容，品牌能够触动用户内心的情感，引发他们的共鸣和共情。例如，品牌可以通过讲述感人的故事、展示真实的用户案例或分享与用户相关的情感化内容，引发用户的共鸣，从而与用户建立更加紧密的情感联系。这种情感连接不仅使用户更加情感化地对待品牌，也增强了他们对品牌的信任和好感。

情感联系有助于加深用户对品牌的印象，形成积极的品牌形象。当用户与品牌之间建立了情感联系后，他们往往会对品牌产生更加积极的印象，并愿意与品牌建立更深层次的关系。情感联系使用户更加愿意接受品牌的信息和推广，从而增强品牌在用户心中的形象和地位，从而提升品牌的影响力和竞争力。

（2）共享情感体验

互动性内容的设计不仅能够加强品牌与用户之间的情感联系，还能够促进用户之间的情感共享和交流。在参与互动的过程中，用户往往会与其他用户分享自己的情感体验、观点和感受，从而形成一种共享情感的体验，进一步增强了他们对品牌的印象和认同度。

品牌通过举办用户分享活动或提供分享平台，为用户创造了一个共享情感的空间。在这个空间里，用户可以分享与品牌相关的故事、体验和情感，倾诉内心的感受和观点。例如，一些品牌会邀请用户分享他们与品牌相关的真实故事、感人经历或产品体验，这些分享往往能够触动其他用户的情感共鸣，引发他们对品牌的共鸣和认同。通过用户之间的情感分享和交流，品牌能够在用户群体中形成更加深入的情感连接，增强了用户对品牌的情感认同和印象。

共享情感体验不仅加强了用户对品牌的情感连接，还促进了用户之间的互动和交流。在情感共享的过程中，用户之间往往会形成一种共鸣和团结，加深了彼此的情感联系和互动。这种情感共享不仅能够增强用户对品牌的认同度，还能够形成品牌的口碑效应，进一步推动品牌的传播和发展。

（三）促进用户参与和忠诚度

互动性内容的设计能够促进用户的参与和互动，增加用户的忠诚度和长期支持度。

1. *增加互动次数*

（1）激发参与热情

互动性内容的设计是激发用户参与热情的有效途径，能够吸引用户积极参与品牌活动、互动和社区讨论。品牌通过提供吸引人、趣味性强的互动内容，可以有效地增加用户与品牌之间的互动频率和次数，进而提升用户的参与热情。

品牌可以采取多种方式设计互动性内容，以激发用户的参与热情。例如，设计有趣的问答环节，让用户通过回答问题参与互动。这种形式不仅能够考验用户的知识水平，还能够增强用户对品牌的了解和认知。另外，投票活动也是一种常见的互动方式，品牌可以邀请用户就某些话题或产品进行投票，让用户参与决策过程，从而增强他们的参与感和归属感。此外，抽奖游戏也是一种常见的吸引用户参与的方式，用户通过参与抽奖活动，有机会赢取奖品，从而激发他们的参与热情和积极性。

这些互动性内容的设计不仅能够吸引用户的注意力，还能够增加用户对品牌的参与热情。用户在参与互动的过程中，不仅能够获得乐趣和刺激，还能够增强与品牌之间的情感联系和互动体验。品牌通过持续地提供具有吸引力和趣味性的互动内容能够建立起与用户更加密切的互动关系，促进用户对品牌的认知和忠诚度的提升，实现品牌与用户之间的良性互动和共赢。

（2）建立紧密联系

随着用户积极参与互动的次数不断增加，他们与品牌之间的联系逐渐变得更为紧密。这种联系不仅体现在互动的频率上，更重要的是在用户对品牌的情感认同和忠诚度方面。用户参与品牌的互动活动能够感受到品牌对他们的关注和重视，这种情感体验进而加强了他们对品牌的忠诚度和长期支持度。

首先，随着用户积极参与品牌活动、互动和社区讨论的次数不断增加，他们与品牌之间的互动频率也随之增加。这种频繁的互动使用户更加频繁地接触到品牌的内容和信息，进而增强对品牌的认知度和了解程度。用户不断地参与互动不仅更加深入地了解到品牌的理念、文化和产品，还能够积累更多与品牌相关的经验和感受，从而增强了对品牌的情感认同。

其次，用户在参与互动的过程中，能够感受到品牌对他们的关注和重视，这进一步强化了用户与品牌之间的情感联系。品牌在互动中及时回复用户的提问、关注用户的反馈、赞赏用户的参与，使用户感到自己被重视和被关心，从而增强他们对品牌的信任和忠诚度。用户会感受到自己与品牌之间建立了一种特殊的情感联系，这种情感联系不仅仅是简单的消费关系，更是一种情感上的认同和依恋。

最后，随着用户与品牌之间的情感联系不断加深，他们的忠诚度和长期支持度也相应增强。在竞争激烈的市场环境下，用户更倾向于选择那些与自己有情感联系的品牌，愿意长期支持并成为该品牌的忠实粉丝和传播者。因此，通过建立紧密的用户与品牌关系，品牌不仅能够提升用户的忠诚度和长期支持度，还能够有效地提升竞争力和市场份额，实现持续稳定的品牌增长。

2. 情感认同

（1）情感连接

用户积极参与互动的行为不仅仅是简单的互动，更是建立起更加紧密的情感连接的重要途径。用户通过与品牌的互动性内容，能够深入了解品牌所传达的文化、理念和精神，从而在情感上与品牌形成更加紧密的认同。这种情感认同不仅仅是对品牌的认知，更是一种情感上的共鸣和连接，使用户在情感上与品牌产生共鸣，并将品牌的理念、文化融入自己的生活中。

首先，积极参与互动的用户能够更加深入地了解品牌的文化、理念和精神。品牌通过互动性内容向用户传递自己的核心价值观和文化内涵，引导用户思考和感受，从而激发出用户内心深处的共鸣和情感连接。用户通过了解品牌的文化和理念，不仅能够更加清晰地认识到品牌的独特魅力，还能够与品牌产生一种共同的情感连接，使用户在情感上与品牌形成共鸣。

其次，情感认同能够促使用户更加忠诚于品牌，愿意长期支持和关注品牌的发展。当用户与品牌之间建立了紧密的情感连接后，他们会更加倾向于选择品牌的产品或服务，愿意成为品牌的忠实支持者和传播者。情感认同不仅仅是消费行为的体现，更是一种情感上的投入和承诺，使用户与品牌之间的关系更加牢固和持久。这种情感认同将激励用户长期关注品牌的动态，积极参与品牌的活动和互动，从而为品牌的长期发展提供坚实的保障。

（2）长期支持

情感认同在用户长期支持品牌的过程中扮演着至关重要的角色。一旦用户与品牌之间建立了深厚的情感联系，他们就会倾向于持续支持该品牌，购买其产品或服务，并积极参与品牌的各类活动和互动。这种长期的支持不仅是对品牌的一种信任和忠诚，更是一种情感上的投入和认同。

首先，情感认同使用户更加愿意持续支持品牌。当用户与品牌之间形成紧密的情感联系时，他们会对品牌产生一种情感上的认同感，认为品牌的理念和文化与自己的价值观相符合，从而产生长期支持品牌的愿望。这种情感认同不仅是基于产品或服务的质量，还是基于用户对品牌所传递的情感价值和情感连接的认同。

其次，情感认同会促使用户积极参与品牌的活动和互动。当用户与品牌之间存在着情感认同时，他们会更加乐意参与品牌举办的各类活动和互动，分享自己的体验和情感，与其他用户交流和互动。这种积极的参与不仅能够加强用户与品牌之间的关系，还能够为品牌带来更多的曝光和口碑传播，进一步提升品牌的影响力和竞争优势。

第三节　社交媒体互动对用户感知的影响

一、社交媒体互动对用户感知的影响机制

社交媒体上用户的互动行为会受到其他用户的影响和引导，形成社交影响效应。

1. 社交认同

社交认同是指个体基于其他人的行为、态度或观点而对某一对象（如品牌、产品或组织）产生认同感的心理现象。在社交媒体平台上，当用户看到其他用户对品牌的积极评价和参与行为时，往往会产生社交认同的效应，从而加强自己对品牌的认同感和情感投入，进而加强与品牌的互动和忠诚度。

社交认同的形成与社会心理学中的社会影响理论相关。根据社会影响理论，个体往往会受到他人的观点、行为或态度的影响，特别是在个体态度不确定或模

糊的情境下。在社交媒体上，当用户看到其他用户对品牌的积极评价、分享自己的使用体验或参与品牌活动的照片、视频等内容时，会感受到一种与他人共同体验和参与的情感，从而产生与他人的社交认同，认同品牌的价值观和理念。

此外，社交认同也与自我认同密切相关。个体往往会通过与他人的认同来加强自己的自我认同。在社交媒体上，用户参与品牌相关的互动和讨论，会增强其对品牌的认同感，巩固自己的品牌身份认同。例如，用户可以在社交媒体平台上分享自己与品牌相关的经历、使用体验或购买决策，与其他用户交流和互动，从而加强自己对品牌的认同感。

因此，社交认同是社交媒体上用户与品牌建立联系的重要动因之一。用户通过观察他人对品牌的积极评价和参与行为，会产生社交认同，增强对品牌的认同感和情感投入，从而促进与品牌的互动和忠诚度。品牌可以通过激发和引导用户的社交认同，加强与用户之间的情感联系，从而提升用户的忠诚度和品牌价值。

2. 社交动机

社交动机是指个体在社交环境中受到他人影响和激励，产生参与互动的动机和意愿的心理状态。在社交媒体上，用户的互动行为往往会受到他人的影响，当用户看到他人积极参与互动时，会产生参与的动机和意愿，从而加强自己与品牌之间的互动和连接。

社交动机的形成与社会认知理论和社会比较理论相关。根据社会认知理论，个体在社交互动中会观察和模仿他人的行为，尤其是与自己类似的他人。在社交媒体平台上，用户经常会看到他人对品牌的积极评价、参与品牌活动的照片或视频等内容，这些内容会影响其他用户的态度和行为。当用户看到他人参与品牌的互动时，会认为这种行为是被社交群体认可和赞赏的，从而也会产生参与的动机和意愿。

此外，社交比较理论也解释了社交动机的形成。根据社交比较理论，个体会将自己与他人进行比较，特别是与自己的同伴或同类进行比较。在社交媒体上，用户会与他人进行比较，特别是与自己的朋友、同事或关注的人进行比较。当用户看到他人参与品牌的互动时，会产生一种社交比较的动机，希望自己也能参与其中，以达到与他人相似或更好的状态。

因此，社交动机是驱使用户在社交媒体上参与品牌互动的重要动因之一。当用户看到他人参与互动时，会产生参与的动机和意愿，从而加强自己与品牌之间的互动和联结。品牌可以通过激发和引导用户的社交动机，促进用户参与品牌的互动活动，从而提升品牌在社交媒体上的影响力和认知度。

二、社交媒体互动对用户情感和行为的影响

（一）情感影响

社交媒体上的互动能够触发用户情感的共鸣和共情，从而加强用户与品牌之间的情感联系。

用户参与品牌在社交媒体上的互动活动，例如评论、点赞、分享等，不仅是一种简单的行为，更是一种情感的交流和表达。用户通过这些互动，可以更深入地了解品牌所传达的故事、文化和理念，进而产生情感共鸣和共情。情感共鸣是指用户与品牌之间产生共鸣，即在某种情感或情境下，用户能够与品牌产生一种共同的情感体验和情感认同。而共情则是指用户能够理解和体会到品牌所传达的情感和情绪，进而产生一种情感上的共鸣和共享。

在社交媒体平台上，用户参与品牌的互动往往伴随着情感的表达和交流。用户通过参与评论可以表达对品牌产品或服务的喜爱、支持或批评，分享自己的使用体验或感受。这种情感的表达和交流不仅加深了用户与品牌之间的情感联结，也为其他用户提供了更多关于品牌的信息和体验。此外，用户的点赞和分享行为也表达了他对品牌内容的认同和喜爱，进一步加强了用户与品牌之间的情感联系。

情感共鸣和共情的产生有助于加深用户对品牌的情感认同。当用户能够与品牌产生共鸣和共情时，他们会感受到品牌的人性化和关怀，从而增强了他们对品牌的情感认同和忠诚度。这种情感认同不仅是对品牌产品或服务的认可，更是对品牌文化、价值观和理念的认同。因此，品牌可以通过引导用户参与互动，促进情感共鸣和共情的产生，进而加深用户对品牌的情感认同和忠诚度，提升品牌在社交媒体上的影响力和美誉度。

（二）行为影响

社交媒体上的互动行为会直接影响用户的行为决策和购买意愿，推动用户参与和购买。

1. 认知影响

参与品牌的社交媒体互动在提升用户对品牌的认知和关注度方面发挥着重要作用。社交媒体平台作为信息传播的重要渠道，为用户提供了一个获取品牌相关信息的便捷途径。用户通过参与品牌在社交媒体上的互动活动，能够获取更多关于品牌的信息，包括产品特点、品牌文化、优惠活动等，进而深化对品牌的认知。

2. 参与决策和购买意愿

积极参与品牌社交媒体互动的用户通常表现出更高的参与决策和购买意愿。这种现象的背后反映了社交媒体互动对用户购买行为的积极影响。

积极参与品牌社交媒体互动的用户往往会形成一种社交影响和认同效应。当用户在社交媒体上积极互动并展示其对品牌的支持时，他们可能会影响到其社交圈子中的其他用户。其他用户可能会受到其影响，产生对品牌的好奇心和兴趣，进而提高其对品牌的认知和购买意愿。这种社交影响和认同效应进一步加强了积极参与品牌社交媒体互动的用户的购买意愿和行为。

三、典型案例分析

展会作为企业品牌传播和推广的重要平台，形象景观设计在展会营销中扮演着至关重要的角色。品牌通过精心设计的展台、展览布局、视觉元素等，展示其独特魅力和核心价值，吸引参观者的目光，引发他们的兴趣和好奇心。这种形象景观设计不仅在视觉上给人留下深刻印象，更重要的是通过展示品牌的产品、服务和理念，有效地传达了品牌的核心信息和特色。由此，展会品牌的知名度、认知度、忠诚度和口碑效应得到了显著提升，为品牌在市场竞争中赢得了更多的关注和认可。

（一）品牌化的形象景观设计

1. 形象景观设计的概念与特点

形象景观设计是一种在特定场所或活动中，通过巧妙的规划和设计空间布局、景观元素、装饰品、灯光等手段，以塑造品牌的独特形象和风格，从而传达品牌的核心价值观、理念和个性特点的营销手段。其主要目的是通过观众的视觉和感官体验，引发他们对品牌的共鸣和认同，从而加强品牌的认知度，提升品牌的价值和影响力。这种形象景观设计在传播中具有几个显著特点。

首先，形象景观设计强调多感官体验。它不仅包括视觉的呈现，还包括听觉、触觉、嗅觉等多个感官的刺激，使观众能够全方位感受品牌的特色和氛围，以便让观众更加深入地理解和感受品牌所传达的信息，从而增强他们对品牌的认知和印象。

其次，形象景观设计强调情感共鸣。通过情感化设计，形象景观能够让观众在品牌展示中产生情感共鸣，从而形成深刻的记忆和情感纽带。品牌不再只是冰冷的商业实体，而是具有情感温度和人性化的存在。观众在与品牌形象互动的过程中，能够建立起更加真实和深刻的情感联结，从而增强对品牌的忠诚度和认同感。

最后，形象景观设计强调与环境的融合。它不仅是单纯的品牌宣传，更是在场所特性和主题活动的基础上进行设计，使品牌与环境相得益彰，产生更加自然和谐的效果。通过与环境的融合，形象景观设计能够更好地吸引观众的注意力，让他们更加自然地接受品牌信息，从而提升品牌的影响力和传播效果。

2. 品牌化的形象景观设计原则

品牌化的形象景观设计原则是在设计过程中需要遵循的准则，旨在确保设计能够有效地传达品牌的形象和价值观，提升品牌的影响力和吸引力，以及在观众心中留下深刻的印象。以下将对品牌化的形象景观设计原则进行详细阐述。

（1）品牌一致性原则

品牌一致性是形象景观设计中的重要原则之一。设计师应确保设计与品牌的整体视觉形象和品牌故事保持一致。包括颜色、标志、字体和图案等各个设计要素，都应符合品牌的设计语言和风格，形成统一的视觉形象，从而增强品牌的辨识度。这样的设计能够让观众在不同场所和媒介中都能够清晰地认出品牌，并建立起对品牌的信任和认同感。

（2）目标受众导向原则

形象景观设计应该以目标受众为导向。设计师需要充分了解品牌的目标受众群体，包括他们的年龄、性别、兴趣爱好、文化背景等，以及他们的心理特点和消费习惯。根据目标受众的喜好、需求和心理特点进行设计，使设计能够吸引目标受众，与他们产生共鸣。品牌通过有针对性的设计，能够更好地吸引和留住目标受众，提升品牌的认知度和忠诚度。

（3）简约和清晰原则

简约和清晰是形象景观设计中另一个重要的原则。设计应遵循简约、清晰的原则，避免过度复杂和混乱。简洁的设计更易于被受众接受和记忆，能够更有效地传达品牌信息和核心价值观。清晰的设计能够让观众快速理解品牌所要传达的信息，避免造成误解或混淆。

3. 形象景观设计在展览中的作用

品牌化的形象景观设计在展览中扮演至关重要的角色，它不仅是展示品牌产品和服务的工具，更是塑造品牌形象、传递品牌价值、吸引观众和促进互动的关键要素。以下将详细阐述形象景观设计在展览中的作用。

（1）吸引观众的目光和兴趣

形象景观设计在展览中的首要作用是吸引观众的目光和兴趣。展台通过创意、美学和视觉效果的设计，可以在众多展位中脱颖而出，引起观众的注意，并促使他们前来参观。精心设计的展位布局、装饰和景观元素能够营造出独特的氛围和吸引力，使观众愿意停留、探索并与品牌进行互动。

（2）传达品牌的核心价值观和个性特点

展览是品牌与观众直接接触的重要机会，形象景观设计在此扮演着传递品牌核心价值观和个性特点的重要角色。例如，通过展示品牌的历史、创新成果、社会责任等方面的内容，展现出品牌的使命和愿景，让观众更深入地了解品牌。

（3）提升品牌的品质和形象

形象景观设计还可以提升品牌的品质和形象。精心设计的展位和景观元素能够给观众留下品牌高品质、专业和有吸引力的印象。品牌通过展示其创新技术、高端产品、优质服务等方面的内容，彰显品牌的实力和魅力，加强品牌形象在观众心中的地位和认知度。

（二）CS 世纪家博会展的品牌化形象景观设计

1. 展会定位与品牌建设

CS 世纪家博会展在展会定位与品牌建设方面展现了卓越的战略眼光与品牌运营能力。

首先，展会定位突出了家居家具领域的专业性和权威性，旨在成为该行业最具影响力的展览平台。CS 世纪家博会展通过定期举办展会，成功吸引了全国乃至全球范围内的家具制造商、品牌商、设计师和专业观众参与，实现了行业资源的集聚和交流合作。

其次，在品牌建设方面，CS 世纪家博会展以形象景观设计为核心，凭借品牌的独特理念和风格精心策划和规划展会的整体布局和场馆设计。展会设计注重展示家居家具行业的最新趋势、前沿技术和创新设计，旨在打造一个具有引领性和示范性的平台。此外，CS 世纪家博会展在品牌建设过程中，注重与参展商、合作伙伴和媒体的合作，共同推广品牌，扩大影响力，实现品牌的持续增值。这种合作与互动不仅为展会赋予了更多的专业性和权威性，也为品牌的长期发展奠定了坚实基础。

2. 形象景观设计理念与策划

在CS世纪家博会展的形象景观设计理念与策划中，设计团队展现了深度的专业素养和创意的思维方式。

首先，设计团队在理念阶段对展会的定位进行了全面的研究与分析，深入了解了展会的目标受众、参展商需求以及行业趋势。这种系统的研究为设计团队明确了本届展会的主题：时尚家居，创意生活，以凸显家居行业的时尚与创意元素，引领观众了解最新的家居家具设计趋势。

其次，形象景观设计策划注重与主题相关的视觉表达和体验呈现，采用时尚的色彩、流线型的造型以及现代化的科技元素，打造一个时尚前卫、富有创意的展览空间。设计团队在展馆入口处设置了大型LED屏幕，播放创意家居产品和设计师的故事，吸引观众的目光。在主题展区，布置了时尚家居的生活场景，让观众可以身临其境地感受家居产品的功能和美感。

最后，形象景观设计强调情感共鸣和参与互动，设计团队在展会的布置中融入了互动体验元素，为观众创造更多的参与感，例如，设置体验区域，观众可以试坐家具、感受材质，增加产品的亲和力。这种全方位的设计理念和策划方案不仅突出了展会的主题和品牌形象，还为观众提供了丰富多彩的参与体验，使展会更具吸引力和影响力。

3. 展示区域规划与景观元素设计

在CS世纪家博会展的展示区域规划与景观元素设计中，设计团队展现了其对展会主题的深刻理解和创意的表现。

首先，展示区域规划充分结合了展会的主题“时尚家居，创意生活”，展览空间被划分为不同的主题展区，每个主题展区都以独特的装饰和布局呈现，突出了不同家居产品的特色和功能。例如，创意家具展区采用流线型的展位设计，强调了家具的创意设计和科技元素，营造出前卫时尚的氛围，使观众能够感受到家具的独特魅力。而生活场景展区则设置了模拟的客厅、卧室、厨房等生活场景，真实的场景还原可以让观众亲身体验家居产品的实际使用效果，增加了展示的真实感和吸引力。

其次，景观元素设计在展示区域起到了重要的衬托和点缀作用。设计团队精心选择了与主题相关的景观元素，如时尚艺术装置、创意灯光和艺术雕塑等，以增加展览空间的美感和艺术性。这些景观元素不仅为展区增添了视觉上的亮点，也为观众营造了一个富有艺术氛围和时尚感的展览环境，提升了整体展览的品质和吸引力。

通过展示区域规划与景观元素设计，CS 世纪家博会展成功地营造了一个具有时尚、创意和艺术氛围的展览空间，使观众能够全方位地感受到家居产品的魅力和价值，为展会的成功举办和品牌形象的塑造做出了重要贡献。

（三）形象景观传播与营销策略

1. 媒体传播与宣传活动

CS 世纪家博会展在媒体传播与宣传活动方面展现了多元化的策略和全方位的覆盖。

首先，展会充分利用传统媒体渠道，包括电视、广播、报纸和杂志等媒体进行宣传。这些传统媒体渠道在展会临近前就开始发布相关的广告和报道，宣传展会的举办时间、地点和主题，引起公众的广泛关注和兴趣。展会通过电视广告和广播宣传，能够覆盖更广泛的受众群体，以增加展会的知名度和曝光度，为展会吸引更多的观众和参展商打下了坚实基础。

其次，CS 世纪家博会展积极利用数字化媒体和社交媒体渠道进行宣传。展会在策划阶段就开始在各大社交平台建立了展会的官方账号，并定期发布展会的最新消息、参展商介绍、互动活动和展会亮点等内容。社交媒体的分享和传播机制能够让展会的信息快速扩散，形成口碑效应，进一步增加展会的曝光度和影响力。这种数字化媒体和社交媒体渠道的宣传方式不仅更加符合当代人的消费习惯和传播方式，也能够更有效地吸引年轻群体的关注和参与，为展会的成功举办和品牌形象的塑造提供了强大支持。

2. 互动体验与社交媒体营销

CS 世纪家博会展通过注重互动体验和社交媒体营销策略，成功地将展会打造成一个参与度高的活动，并有效地扩大了展会的影响力和知名度。

首先，展会致力于为观众提供丰富多彩的互动体验。在展会现场设置了专门的互动体验区，展示了虚拟现实体验、3D 投影展示、智能家居体验等各种创新互动项目。这些互动体验不仅吸引了观众的目光，还让他们在展会中得到了更深层次的参与和体验，加深了对品牌和产品的认知和印象。

其次，展会充分利用社交媒体平台进行宣传和互动。同时，展会鼓励观众在社交平台上分享他们的展会体验和照片，通过用户生成内容的方式扩大了展会的传播范围，增加了展会的曝光度和影响力。最后，展会与行业内的影响力人物和 KOL 合作，进一步扩大了社交媒体的传播影响。展会邀请知名家居家具博主、设计师和业内专家参与展会，进行现场直播、产品评测和推荐分享，吸引了更多关注家居行业的粉丝和观众参与展会，增加了展会的话题性和热度。这些举措共同促成了 CS 世纪家博会展在展会互动体验和社交媒体营销方面的成功，为展会的品牌建设和持续发展注入了新的活力和动力。

3. 参展商参与与合作推广

CS 世纪家博会展通过鼓励参展商积极参与活动和互动，以及与其开展合作推广活动，成功地促进了展会的参与度和品牌曝光度。

首先，展会为参展商提供了多样化的参与方式，包括产品展示、新品发布、技术讲座和主题活动等。这些参与方式为参展商提供了展示和推广自己产品和服务的机会，让他们能够与观众面对面交流，深入了解消费者需求，并加深品牌与客户之间的联系。

其次，展会与参展商共同策划和推广展会期间的优惠促销、限时折扣等活动，吸引更多观众前来参观和购买产品。这种合作推广活动不仅增加了展会的吸引力，也为参展商带来了更多的商业机会和销售额。

最后，展会为参展商提供了专业的推广支持和展位设计服务。展会组织了专业的宣传团队，为参展商提供宣传资料、海报、展位布置等支持，帮助参展商更好地展示品牌形象和介绍产品特点。这些举措共同促成了展会与参展商之间的合作与共赢，为展会的成功举办和品牌建设注入了新的活力和动力。

（四）形象景观设计对品牌效应的影响分析

1. 品牌知名度与认知度的提升

（1）展示环境的独特吸引力

形象景观设计在展会现场创造了引人注目的展示环境，为观众提供了视觉上的创意和美感体验。展位的布置、灯光效果以及装饰元素的选用都经过精心设计，吸引了大量观众的目光。这种视觉上的吸引力使得观众更倾向于驻足观看，进而增加了品牌的曝光率。

（2）展示与品牌理念的契合

形象景观设计注重将品牌的独特理念和文化融入展示环境之中。展示区域的规划和景观元素的设计与品牌的核心价值观紧密契合，使观众在参观过程中不仅对品牌的产品和服务产生浓厚兴趣，更在潜意识中形成对品牌的认知和了解。

（3）展示效果对品牌认知的影响

展示环境的独特吸引力和与品牌理念的契合，共同影响了观众对品牌的认知。观众在观赏展品的同时，目光不仅被吸引住，也更深入地了解了品牌的特点和独特之处。这种观众与品牌之间的互动和认知提升了品牌的知名度与认知度。

2. 品牌形象与价值的传递

（1）强调品牌的独特性和个性化特征

形象景观设计通过展示区域的规划和景观元素的设计，强调了品牌的独特性和个性化特征。展位的装饰和材料选择与品牌形象相符，突出了品牌的独特定位和价值，使观众在观赏展品的同时能够深入了解品牌的特点和独特之处。

（2）品牌故事的讲述和传播

形象景观设计注重通过展示墙、宣传册、互动体验等方式，向观众展示品牌的历史渊源、创立初衷和发展历程，传递品牌背后的故事与价值观。这种品牌故事的传播让观众更深入地了解品牌的文化与价值，产生认同感和情感共鸣，进而增强对品牌的信任和喜爱。

3. 品牌忠诚度与口碑效应的影响

（1）情感连接的强化

形象景观设计营造出与品牌形象相符的氛围和情感共鸣，使观众在展示环境中体验到品牌所传递的独特价值，增加了观众对品牌的认同感和忠诚度。这种情感连接使观众不仅仅是消费者，更成了品牌的忠实拥护者。

（2）产品优势的展示

形象景观设计强调展示品牌的优势和特色，如产品的创新性、品质保证和服务优势。观众在展示环境中深刻感受到品牌的实力和价值，对品牌的产品和服务产生信任和满意。这种对产品优势的展示为观众成为品牌的忠实用户奠定了基础。

（3）口碑传播的促进

形象景观设计不仅通过展示产品和服务，还通过展示品牌形象、文化和理念，以及品牌与观众之间的情感联系，增强了观众的品牌忠诚度。观众在展会中对品牌产生信任和满意后，往往会成为品牌的忠实用户，并在社交媒体和朋友圈等渠道积极传播品牌的正面口碑。

第六章　用户生成内容与品牌传播

第一节　用户生成内容的定义与形式

一、用户生成内容的概念和特点

用户生成内容（User Generated Content，UGC）指由普通用户创造、分享和发布的各种形式的内容，包括但不限于文字、图片、视频、评论和评价等。其特点在于内容的来源是用户自发产生的，而非由品牌或机构主导。UGC 具有以下特点。

（一）真实性

UGC 的真实性是其最显著的特点之一。由于 UGC 源自普通用户的真实体验和观点，因此具有较高的真实性和可信度。相比由品牌或机构创造的内容，用户生成的内容更能够反映用户真实的生活和体验，不受商业目的或宣传意图的影响，因而更具有说服力和可信度。

（二）多样性

UGC 具有丰富多样的形式和内容。用户生成的内容涵盖了各种主题、风格和观点，能够满足不同用户群体的需求和兴趣。内容涉及旅游、美食、时尚、科技及娱乐等不同领域。这种多样性使得用户可以根据自己的兴趣和需求选择适合自己的内容，品牌从而可以更好地满足用户的信息获取需求。

（三）参与性

UGC 强调用户的参与和互动，用户是内容的创作者和分享者。用户可以通过评论、点赞、分享等方式参与到 UGC 的创作和传播中，从而增强了用户与内容的互动和参与感。相比传统媒体，UGC 更注重用户的参与和反馈，用户可以通过 UGC 平台表达自己的观点、分享自己的经验，形成用户与内容之间的双向交流和互动，从而增强了用户对内容的投入感和认同感。

二、用户生成内容的形式

用户生成内容的形式多种多样，涵盖了各种类型的内容，主要包括以下内容。

（一）社交媒体上的内容

在社交媒体平台上，用户生成的内容形式丰富多样。其中，用户可以发布各种类型的帖子，这些帖子可能是文字、链接、图片或视频等形式，用以表达个人观点、分享新闻、故事或其他内容。评论是社交媒体上常见的互动方式，用户可以对他人发布的内容进行回复和讨论，这种形式可以促进用户之间的交流和互动，进一步加深话题的讨论和理解。此外，用户也可以选择将其他用户发布的内容分享到自己的社交媒体账号上，以便更多人能够看到这些内容，从而扩大内容的传播范围。转发是一种常见的分享方式，用户通过转发他人的内容，可以让这些内容在自己的社交媒体账号上再次被传播，从而增加其曝光度和影响力。最后，直播是一种实时分享生活、经历或活动的方式，用户可以通过直播与观众进行互动，实时交流和分享自己的见解、体验或感受。

（二）在线论坛和博客上的内容

在在线论坛和博客平台上，用户生成的内容形式丰富多样，主要包括帖子、文章和评论。

首先，用户在论坛或博客平台上发布的帖子是用户生成内容的核心之一。这些帖子通常是用户提出的主题讨论或问题，其他用户可以在此基础上进行回复和讨论，形成多方参与的交流和互动。帖子的内容涵盖了各种话题和领域，从技术讨论到生活经验，用户可以根据自己的兴趣和需求选择感兴趣的帖子参与讨论。

其次，用户在在线论坛和博客上发布的文章也是重要的用户生成内容形式之一。这些文章通常是用户撰写的正式性内容，包括游记、产品评测、个人经历等。文章通常具有一定的篇幅和结构，内容丰富翔实，旨在分享用户的知识、经验和见解。用户通过发布文章，不仅可以展示自己的写作技巧和专业知识，还可以与其他用户分享有价值的信息和观点。

最后，用户在论坛或博客平台上的评论也是重要的用户生成内容形式之一。用户可以对他人发布的文章或帖子进行评论和回复，表达自己的意见、看法和建议。评论能够促进用户之间的交流和互动，形成有价值的讨论和反馈，对于丰富内容和提升平台互动性具有重要意义。

第二节 用户生成内容在品牌传播中的作用

一、用户生成内容在品牌传播中的作用和价值

（一）增强品牌的信任度和可信度

1. 提供真实用户体验

用户生成内容作为真实用户的体验和观点的来源，具有较高的可信度和说服力。相较于品牌自身的宣传信息，用户更倾向于相信其他用户的真实购买体验和使用感受。这种真实性源于用户生成内容的本质，即它是由普通用户自发创造和分享的，不受商业目的或宣传意图的影响。用户生成内容通常基于用户的真实生活经历和感受，因此更贴近实际情况，更具有可信度和说服力。

当用户在社交媒体平台分享自己的购买体验、产品评价或服务感受时，他们往往会直接表达自己的真实感受，包括产品的优点、缺点、使用体验以及与品牌互动的感受。这种直接、真实的反馈能够为其他消费者提供重要参考，帮助他们做出更加准确的购买决策。

2. 强化社交证据效应

UGC 作为用户自发行为和意见的代表，具有显著的社交证据效应，从而在品牌营销和消费者决策中发挥着重要作用。根据社会心理学中的社交证据理论，人们在面对不确定的情境或需要作出决策时，往往会依赖他人的行为和意见来做出判断，这种行为被称为社交证据效应。

3. 体现多元化观点

UGC 的多元化观点体现了用户群体的多样性，为品牌形象带来了丰富的内容和立体的表现形式。在社交媒体和其他在线平台上，用户可以自由地分享自己的观点、体验和看法，形成了一个多元、开放的信息共享平台。这种多元化观点对品牌形象的塑造和传播具有重要意义。

4. 提供实时反馈机制

UGC 作为用户自发创作和分享的内容，在提供实时反馈机制方面具有独特的优势。UGC 可以立即反映用户对品牌、产品或服务的看法、体验和意见，帮

助品牌及时了解市场动态和用户需求，从而做出相应的调整和改进。

（二）扩大品牌的曝光和传播范围

1. 社交媒体传播效应

UGC 在社交媒体平台上的传播效应是品牌推广中的重要组成部分，其通过用户分享和转发的方式迅速扩散到大量用户中，形成了口碑传播的效应。这种口碑传播在当今数字化社会中具有巨大的影响力，对品牌的曝光和认知度起着至关重要的作用。

2. 提高内容可见性

UGC 的分享和讨论在社交媒体平台上起着至关重要的作用，有助于提高内容的可见性和曝光度。社交媒体平台是用户分享 UGC 的主要场所，其具有广泛的覆盖面和强大的传播能力，因此成为 UGC 被更多人看到和了解的关键渠道。

3. 引发话题讨论

UGC 的一个显著特点是其具有引发话题讨论和互动的能力，这进一步扩大了品牌在社交媒体上的曝光范围，并促进了用户参与和品牌传播的深度与广度。当用户在社交媒体上分享自己的购买体验、产品使用感受或对品牌的看法时，往往会引发其他用户的兴趣和关注，进而激发了一系列的话题讨论和互动。

UGC 的话题讨论往往会以用户发布的内容为起点，其他用户会在评论、转发或回复的形式下展开讨论，分享自己的看法、经历或观点。这种互动不仅使原始内容得到了更多的关注和曝光，也让品牌的信息在用户之间得以传播和加深。当话题讨论具有一定的热度和吸引力时，会吸引更多的用户参与进来，形成一个有机的、持续的社交互动链条，进而推动品牌在社交媒体上的传播和影响力。

二、UGC影响用户对品牌的情感态度

（一）正面 UGC 的影响

正面的 UGC 对品牌形象和用户认知产生了积极影响。当用户在社交媒体上看到其他用户分享的正面购买体验和产品评价时，往往会产生共鸣和认同。这些积极的 UGC 反映了真实用户的真实体验和观点，因此具有较高的可信度和说服力。用户更愿意相信其他用户的真实体验，而不是品牌自身的宣传信息，因为他们认为这些用户生成的内容更为客观和真实。这种共鸣和认同会增强用户对品牌的好感度和信任度，使他们更倾向于选择品牌的产品或服务。

正面的 UGC 还可以帮助品牌建立积极的口碑和形象。当用户在社交媒体上分享积极的购买体验时，他们实际上成为品牌的宣传大使，为品牌传播正面的口碑和形象。这种口碑传播能够迅速扩散到更广泛的受众中，影响更多的潜在消费者。随着正面口碑的传播，品牌的知名度和美誉度会逐渐提升，进而吸引更多的用户选择品牌的产品或服务。

（二）负面 UGC 的影响

负面的 UGC 对品牌和用户都可能带来不利影响。

首先，当用户在社交媒体或其他平台上看到其他用户分享的负面购买体验或产品评价时，他们往往会对品牌产生怀疑和不信任。

其次，负面的 UGC 可能会影响用户的情感态度，导致用户产生消极情感。当用户看到其他用户分享的负面购买体验时，他们可能会感受到失望、愤怒或沮丧等消极情绪。这些消极情感会影响用户对品牌的态度，使其对品牌产生厌恶和敌意。用户可能会选择不再购买该品牌的产品或服务，甚至会影响其他用户的购买决策。

三、品牌维护与改善

在面对负面 UGC 时，品牌需要采取积极的措施来处理和解决问题，以防止消极情绪的扩散和品牌形象受损。处理负面 UGC 的方式可以包括及时回应、诚恳道歉、提供解决方案等方式。

首先，品牌应该及时回应负面 UGC，表达对用户不满意或投诉的关注和重视。品牌通过及时回应，可以传递出积极的沟通态度，表现出对用户意见的重视和尊重，从而缓解用户的不满情绪，并为解决问题奠定基础。

其次，品牌应该诚恳道歉并承认错误（如果有的话）。诚实和真诚的道歉可以表明品牌的诚信和责任感，有助于平息用户的怨恨和不满情绪。同时，品牌也可以通过道歉，传递出对用户体验的重视和改进的决心，增强用户对品牌的信任度。

品牌还应该提供解决方案，帮助用户解决问题或改善体验。品牌可以通过与用户的沟通，了解其问题的具体情况，并提供相应的解决方案或补偿措施，以回馈用户的支持和信任。通过解决用户的问题，品牌可以改善用户的体验，从而提升用户对品牌的好感度和忠诚度。

第三节　品牌如何促进用户生成有利于传播的内容

一、举办UGC创意比赛

（一）制定明确的比赛主题和规则

品牌在举办 UGC 创意比赛时，首先需要制定明确的比赛主题和规则，以确保比赛的目的清晰明确，参与者知晓比赛的要求和限制。

1. 确定比赛主题

确定比赛主题对于品牌活动的成功至关重要。品牌在选择比赛主题时，需要考虑自身的品牌形象、市场定位以及目标受众的需求和兴趣。一个吸引人并且具有参与度的比赛主题能够激发用户的创造力和参与热情，同时与品牌的核心价值和产品特点相契合。

首先，品牌可以考虑以品牌的核心价值为主题，将比赛主题与品牌的核心价值相关联，加强品牌形象和价值观的传播。例如，如果品牌注重环保和可持续发展，那么比赛主题可以围绕环保主题展开，鼓励参赛者创作与环保相关的内容，以传递品牌的环保理念和承诺。

其次，品牌还可以考虑以产品特点为主题，将比赛主题与品牌的产品特点相关联，增强用户对产品的认知和了解。例如，如果品牌推出了一款创新的产品，比赛主题可以围绕该产品的特点展开，鼓励参赛者创作与该产品相关的内容，以展示产品的功能和优势。

最后，品牌还可以考虑以与用户互动的主题为主，将比赛主题设计为与用户互动的主题，可以增强用户对品牌的参与感和归属感。例如，品牌可以开展与用户生活相关的比赛，鼓励用户分享自己的生活经历和故事，以促进用户之间的交流和互动，同时加强用户与品牌之间的情感联结。

2. 明确比赛规则和参与条件

在制定比赛规则和参与条件时，品牌需要确保规则清晰明确，以保证比赛的公平公正，并提高用户参与的积极性和满意度。

首先，品牌应明确参赛作品的要求，包括内容要求、格式要求等。比赛规则中需详细说明参赛作品应围绕哪些主题或内容展开，以及可以采用的创作形式，如文字、图片、视频等。这样有助于参赛者清晰地了解比赛的要求，提高作品的质量和符合度。

其次，比赛规则中应明确参赛作品的提交方式和截止时间。品牌需要说明参赛者应如何提交作品，可以采用的提交渠道、提交材料等。同时，规定提交截止时间可以有效地控制比赛的时间安排，保证评选过程的顺利进行，并向参赛者传递清晰的参赛信息。

再次，比赛规则中还应明确参与资格和条件。品牌需要说明谁可以参加比赛以及参与的条件和限制，如年龄限制、地域限制等。这样可以帮助品牌确保参赛者的身份合法合规，并避免不必要的纠纷和争议。

最后，比赛规则中应明确评选标准和流程。品牌需要说明参赛作品将如何进行评选，评选的标准是什么，评选的流程是怎样的，以及评选结果的公布方式等。这样可以确保评选过程公平公正，增强用户对比赛的信任度和参与度。

3. 设立创意限制和保护措施

在举办比赛活动中，品牌需要考虑设立创意限制和版权保护措施，以确保参赛作品的合法性和原创性，同时保护品牌形象和知识产权的安全。

首先，品牌可以在比赛规则中明确禁止抄袭他人作品的行为。参赛者不得提交与他人作品相似或抄袭他人创意的作品，以确保参赛作品的原创性和独特性。这可以通过要求参赛者声明作品的原创性，并对抄袭行为进行严格的审核和监控来实现。

其次，品牌可以设立版权保护措施，禁止参赛作品侵犯他人的知识产权。品牌可以要求参赛者确认其作品不侵犯他人的著作权、商标权、专利权等知识产权，同时保留对侵权作品的删除和追责权。此外，品牌还可以要求参赛者提供相关的版权证明或授权文件，以确保参赛作品的合法性和安全性。

品牌可以明确参赛作品的知识产权归属和使用权限，可以要求参赛者同意将参赛作品的知识产权转让或授权给品牌，在比赛结束后品牌有权对获胜作品进行使用、修改、复制、发布等操作。同时，品牌也可以与参赛者签订相关的知识产权协议，明确双方的权利和义务，保护双方的合法权益。

4. 提供参赛指导和支持

为了确保比赛的顺利进行并提高参赛者的参与度和作品质量，品牌可以提供参赛指导和支持。

首先，品牌可以制定详细的参赛指南，明确比赛的主题、规则、提交要求以及评选标准等重要信息。这样可以帮助参赛者更好地理解比赛的要求，提高他们的参与积极性。参赛指南可以包括对比赛主题的解读和说明，示例作品的展示，以及创作建议和技巧的分享，帮助参赛者更好地理解比赛的主题和要求，激发他们的创作灵感。

其次，品牌还可以设立参赛者问答平台或提供在线支持，及时解答参赛者在比赛过程中遇到的问题和困惑，提高比赛的顺利进行和参赛者的满意度。参赛者问答平台可以是一个在线论坛或社交媒体群组，参赛者可以在其中提出问题，与品牌代表或其他参赛者进行交流和讨论，共同解决问题，促进信息的共享和交流。

（二）提供丰厚的奖励和奖项

品牌举办 UGC 创意比赛时，提供丰厚的奖励和奖项是吸引用户参与的重要因素，同时也是对参赛者创意和努力的肯定和激励。

1. 设立多样化的奖项

设立多个奖项能够吸引不同类型的参赛者，并增加比赛的参与度和竞争性。除设立一等奖、二等奖、三等奖等级别的奖项外，还可以设置最佳创意奖、最佳创作奖、最具影响力奖等特别奖项，以奖励不同类型的创意和努力。这种多样化的奖项设置能够更好地满足参赛者的不同需求和期望，激发其参与比赛的积极性。

2. 提供丰厚的奖金或实物奖励

奖金和实物奖励是参赛者参与比赛的主要诱因之一。品牌可以根据比赛的难度和重要性，设立丰厚的奖金或实物奖励作为奖励措施。奖金可以设立一定金额的现金奖励，而实物奖励则可以是品牌产品、限量品牌定制商品等，以提高参赛者的参与动力和激励效果。

品牌可以额外提供与品牌相关的特别奖励，以增加比赛的吸引力和参与者的兴趣。这些特别奖励可以是与品牌的合作机会，如与品牌共同开发新产品或参与品牌活动的机会；也可以是品牌体验活动，如参观品牌生产基地或与品牌代言人面对面交流的机会等，以增加参赛者的参与欲望和吸引力。

二、创造分享价值

品牌需要通过提供有价值的内容吸引用户参与 UGC 活动，并分享与品牌相关的内容。为了创造分享价值，品牌可以采取以下措施。

1. 提供独特内容

（1）品牌故事与幕后花絮

品牌可以分享自己的故事和幕后花絮来吸引用户的关注。这些故事可以涵盖品牌的创立历程、核心价值观、团队故事等，让用户更加了解品牌的背后故事，增强品牌认同感和好奇心。同时，幕后花絮的分享也能够展示产品的生产过程、创意灵感来源等，让用户感受到品牌的真实性和专业性。

（2）行业趋势分析与见解分享

品牌可以分享行业内的趋势分析、专业见解和未来预测，让用户了解行业动态并获取专业知识。这些内容可以包括行业报告、趋势解读、市场分析等，帮助用户了解行业发展趋势，同时展示品牌对行业的洞察力和专业水平。

（3）用户故事和案例分享

品牌可以邀请用户分享与产品或服务相关的真实故事和案例。这些故事可以是用户的使用体验、产品应用场景、解决问题的经历等，通过真实的用户案例展示产品或服务的实际效果和影响，增强用户对品牌的信任和认可。

（4）特别活动和独家内容

品牌可以定期举办特别活动或发布独家内容，以吸引用户的关注和参与。这些活动可以是线上线下的产品发布会、独家预售活动、限量版产品推出等，让用户感受到参与活动的独特价值和体验，激发分享的动力。

2. 分享有趣体验

（1）产品试用感受分享

品牌可以鼓励用户分享他们使用品牌产品的体验和感受。用户分享产品的使用过程、功能体验、性能表现等，可以让其他用户了解产品的实际效果和优劣，并为购买决策提供参考。

（2）品牌活动参与经历

当品牌举办各类线上线下活动时，用户可以分享自己的参与经历和感受。这些活动可以是产品体验会、品牌推广活动、线上直播活动等，让用户分享参与活动的乐趣和收获，以吸引更多用户参与品牌活动。

（3）产品 DIY 教程分享

如果品牌的产品具有 DIY 特点，用户可以分享自己的 DIY 经验和教程。用户可以分享自己的 DIY 作品、制作过程、技巧分享等，激发其他用户的兴趣和创造力，从而增加 UGC 内容的多样性和分享性。

（4）品牌合作活动体验分享

当品牌与其他品牌或机构合作举办活动时，用户可以分享自己参与合作活动的体验。这些合作活动可以是跨界合作、公益活动、社会责任项目等，让用户分享参与活动的意义和体验，增加品牌的社会形象和认可度。

三、邀请用户参与品牌活动

（一）创造有吸引力的品牌活动

1. 多样化活动形式

（1）线上线下结合的产品发布会

品牌可以结合线上直播和线下实体展示，举办产品发布会。品牌通过线上直播可以覆盖更广泛的受众群体，而线下展示则提供了更直接的产品体验和交流机会，满足了不同用户的参与需求。

（2）线下实体店活动

品牌可以在线下实体店举办各类活动，如产品体验活动、专题讲座、主题派对等。这些活动可以增加顾客与品牌之间的互动和联系，提升品牌形象和忠诚度。

（3）虚拟活动

随着虚拟现实技术的发展，品牌可以举办虚拟活动，为用户提供身临其境的体验。用户通过虚拟现实技术，可以在虚拟空间中参与品牌活动，与其他用户互动，体验品牌文化和产品特点。

（4）社交媒体活动

品牌可以利用社交媒体平台举办各种在线活动，如话题讨论、挑战赛、抽奖活动等。这些活动能够吸引用户的注意力，增加品牌在社交媒体上的曝光度和影响力，促进用户参与和互动。

2. 体验式活动设计

（1）产品试用区域

在活动现场设置产品试用区域，让用户可以亲自体验品牌的产品。通过实际使用产品，用户可以更直观地了解产品的特点和优势，增强购买决策的信心。

（2）DIY 工坊

设计 DIY 工坊环节，让用户参与产品的制作过程，增加参与感和创造乐趣。用户可以在活动中 DIY 个性化的产品，体验品牌的创意和个性化服务。

（3）主题体验场景

根据活动主题设计特色场景，营造出与品牌形象相符合的氛围和体验。例如，可以根据产品特点设计展示区域或布置主题场景，让用户在其中感受到品牌文化和产品魅力。

（4）互动体验项目

设置各种互动体验项目，如 VR 体验、互动游戏、沉浸式影像展示等，让用户参与其中，增强活动的趣味性和互动性。这些体验项目可以吸引用户的注意力，提升活动的参与度和吸引力。

3. 创意互动游戏

（1）品牌知识竞赛

设计有趣的品牌知识竞赛，让用户测试对品牌的了解程度。用户通过回答有关品牌历史、产品特点等问题，可以获得奖励或参与抽奖，激发他们对品牌的兴趣和参与欲望。

（2）抽奖环节

在活动中设置抽奖环节，吸引用户参与并增加活动的趣味性。用户可以通过完成特定任务或积累一定的活动参与点数，参与抽奖活动，有机会赢取丰厚的奖品，提高用户参与活动的积极性。

（3）线上挑战赛

发起线上挑战赛活动，鼓励用户在社交媒体平台上分享与品牌相关的创意作品或挑战视频。通过设立具体的挑战任务和参与规则，激发用户创意和参与的积极性，增加品牌在社交媒体上的曝光度和影响力。

（4）趣味互动游戏

设计各种趣味性强的互动游戏，如抢答游戏、趣味挑战等，吸引用户参与并增加活动的互动性和趣味性。这些游戏可以在活动现场或线上平台上进行，让用户在参与游戏的同时增加对品牌的了解和好感度。

4. 专题主题活动

（1）节日主题活动

根据不同的节日或纪念日，设计相应的主题活动。例如，圣诞节、情人节、母亲节等节日主题活动，可以吸引用户参与并增加品牌的节日氛围。

（2）季节主题活动

结合不同季节的特点，设计相应的季节主题活动。例如，夏日清凉季活动、秋季美食节等，让用户在不同季节感受到品牌的特色和魅力。

（3）产品特点主题活动

根据品牌的产品特点和定位，设计相应的主题活动。例如，新品发布会、产品体验活动、专题讲座等，让用户深入了解品牌的产品和服务，增强用户对品牌的认知和好感度。

（4）社会热点主题活动

结合当前社会热点话题，设计相关的主题活动，如环保活动、公益义卖等活动，让用户参与社会公益事业，从而增强品牌的社会责任感和形象。

（二）提供参与奖励和福利

1. 实物奖励和礼品赠送

（1）品牌产品样品

品牌可以向参与活动的用户提供品牌产品的免费样品，让用户亲身体验品牌的产品质量和特色，提升用户对品牌的信任和好感度。

（2）限量礼品

设计独特、有吸引力的限量礼品，可作为参与活动的奖励。这些限量礼品可以是品牌的定制纪念品、特别设计的小物件等，以增强用户的参与动力和期待感。

（3）定制纪念品

为参与活动的用户提供定制化的纪念品，例如印有品牌标志或活动主题的服装、水杯、背包等，让用户成为品牌的忠实支持者并展示品牌身份。

（4）特别体验机会

提供特别的体验机会作为奖励，例如品牌的 VIP 体验活动、工厂参观之旅、与品牌代言人的见面机会等，让用户感受到品牌的尊贵待遇和特别关怀。

2. 优惠福利和折扣活动

（1）特别折扣优惠

品牌可以为参与活动的用户提供特别的折扣优惠，例如活动期间的额外折扣或购买满一定金额即可享受的优惠价格，吸引用户参与活动并增加购买意愿。

（2）购物礼券

提供购物礼券作为参与活动的奖励，让用户在品牌的线上或线下店铺享受额外的购物优惠，增加用户对品牌产品的购买欲望和满足感。

（3）免费服务赠送

提供免费的增值服务或特别礼遇作为奖励，例如免费的产品定制服务、免费的品牌会员权益等，提升用户的参与热情和满意度。

（4）积分返还活动

品牌可以开展积分返还活动，让用户参与活动后可以获得额外的积分奖励，以后可用于兑换礼品或享受会员特权，增加用户对品牌的忠诚度和积极参与度。

3. 积分和会员权益

（1）额外积分奖励

对于参与活动的品牌会员，可以额外奖励一定数量的积分。这些积分可以用于积累会员等级、兑换礼品或享受其他会员特权。

（2）会员专属权益

品牌可以为会员提供专属的权益和服务，例如会员尊享活动、专属优惠券、生日礼遇、专属客服服务等，增加会员的归属感和满意度，增强他们对品牌的忠诚度和长期支持度。

（3）定期福利活动

定期举办针对会员的福利活动，例如会员专属抽奖、积分翻倍活动、特别会员日等，增加会员的参与欲望和积极性，提升他们对品牌的认同度和忠诚度。

（4）优先体验权利

为会员提供优先体验的权利，例如提前购买新品、优先参与活动、提前了解品牌最新动态等，让会员感受到品牌的尊贵待遇和特别关怀，增强他们的归属感和忠诚度。

4. 定制化奖励方案

（1）个性化奖励设置

品牌可以根据用户的参与行为和贡献度，设计个性化的奖励方案。例如，根据用户的活跃度、分享次数、参与程度等指标，设立不同级别的奖励档次，让用户感受到个性化的关怀和认可。

（2）定制化奖励选择

在奖励方案中，提供多样化的奖励选择，让用户可以根据自己的需求和喜好选择适合自己的奖励。例如，可以提供实物奖励、折扣优惠、积分奖励等多种选择，增加用户对奖励的认可度和满意度。

（3）定期评估和调整

品牌需要定期评估用户参与活动的情况和奖励方案的效果，根据用户反馈和数据分析，及时调整和优化奖励方案，确保奖励方案的有效性和吸引力，提升用户的参与积极性和满意度。

四、与影响力人物和意见领袖合作

（一）寻找合适的合作对象

1. 市场调研和分析

（1）深入调查目标受众

品牌在寻找合适的合作对象之前，首先需要深入了解目标受众的特点、偏好和需求。通过市场调研和数据分析，了解目标受众在社交媒体上的活跃度、关注领域以及对不同类型内容的喜好，为选择合适的合作对象提供数据支持和指导。

（2）评估潜在合作对象的影响力

品牌需要在行业内进行调查研究，评估潜在合作对象在社交媒体上的影响力和知名度，包括分析其粉丝数量、互动率、内容质量和专业度等指标，以确保合作对象具有足够的影响力和号召力，能够有效吸引目标受众。

（3）了解合作对象的受众画像

品牌除评估合作对象自身的影响力外，还需要了解其粉丝群体的受众画像。包括受众的年龄、性别、地域分布、兴趣爱好等信息，以确保合作对象的受众与品牌的目标受众相匹配，提高合作内容的传播效果和触达率。

（4）考虑合作对象的声誉和形象

品牌在选择合作对象时，需要考虑其在行业内的声誉和形象。合作对象应该是具有良好口碑和信誉的人士，能够为品牌赋予正面形象，并与品牌的价值观和形象相符合，以确保合作的成功和持续性。

2. 品牌价值观匹配

（1）核心理念一致性

品牌需要确保合作对象的核心理念和品牌的价值观相一致。合作对象的观点、态度和行为应与品牌的核心价值相契合，以确保合作内容的连贯性和可信度，避免出现形象不符合的情况。

（2）共同目标和定位

品牌与合作对象应该有共同的目标和定位，共同追求某一领域的发展或解决特定问题。双方合作应该能够为目标受众带来有价值的内容和体验，共同传递品牌的核心信息和理念，从而增强品牌与受众的联系和认同。

（3）品牌形象一致性

合作对象的形象和风格应与品牌形象相一致。合作对象的言行举止、形象塑造和社交媒体内容应与品牌的定位和形象相匹配，能够为品牌带来正面的影响和认同度，增强品牌在受众心目中的形象和地位。

3. 专业背景和领域匹配

（1）行业相关专业能力

品牌选择合作对象时，应考虑其在相关领域的专业背景和能力。合作对象应该具备与品牌业务相关的专业知识和技能，能够为品牌提供有价值的内容和意见。例如，在家居行业展会中，合作对象可以是知名的家居设计师、装修专家或者家居博主，其专业背景与品牌业务相关，能够为品牌带来专业性和权威性的支持。

（2）共同领域优势

合作对象应该与品牌在某一领域具有共同的优势和特长。双方合作可以互补彼此的优势，共同为目标受众提供更全面、更专业的信息和服务。例如，品牌可以与具有丰富行业经验和资源的专家或机构进行合作，共同开展行业研究、专业评估或产品推广活动，以提升品牌在行业内的影响力和竞争力。

（3）专业度和可信度

合作对象的专业度和可信度是品牌选择合作对象的重要考量因素。合作对象应该是在相关领域具有一定影响力和声誉的专业人士或机构，能够为品牌带来专业性和可信度的支持。其专业性和可信度可以通过其在行业内的成就、资质认证、行业荣誉等方面进行评估和验证。

4. 粉丝基础和互动性

（1）活跃粉丝群体

品牌选择合作对象时，应考虑其在社交媒体上的粉丝基础和粉丝活跃度。合作对象的粉丝群体应该是活跃的、忠诚的，且具有一定的传播力和影响力，能够有效地传播品牌内容和信息，以吸引更多目标受众的关注和参与。

（2）互动性和参与度

合作对象的社交媒体账号应该具有高互动性和参与度，能够与粉丝群体建立良好的互动关系，并吸引粉丝积极参与品牌活动和内容传播。合作对象应该定期与粉丝互动，回复评论、分享粉丝内容、举办互动活动等，增加粉丝的参与感和归属感，促进品牌与受众之间的良好互动关系。

（二）建立合作关系

1. 联系和沟通

（1）选择适当的联系方式

品牌在与合作对象联系时，应选择适合的联系方式，如电子邮件、社交媒体私信、电话或面谈等。品牌需要根据合作对象的偏好和习惯选择最有效的沟通渠道，以确保信息能够及时传达并得到回应。

（2）表达合作意向

品牌在沟通过程中应清晰地表达合作意向，并说明合作的目的、内容和预期效果。品牌可以向合作对象介绍自身品牌背景、核心价值观和市场定位，以引起合作对象的兴趣和认同。

（3）建立良好的沟通氛围

在沟通过程中，品牌需要尊重合作对象的意见和建议，建立良好的沟通氛围。品牌可以倾听合作对象的想法和需求，并与其进行充分的交流和讨论，以达成共识和合作协议。

2. 签订合作协议

（1）明确合作内容和责任分工

在签订合作协议之前，品牌需要与合作对象明确合作内容和责任分工。合作协议应详细说明双方的权利和义务，包括合作项目、时间安排、成果要求等内容，以确保双方的合作目标和期望一致。

（2）确保权益保障

合作协议中应明确双方的权益保障措施，包括知识产权、保密条款、合作期限、违约责任等内容。品牌需要确保合作协议能够有效保护自身的权益，并规避合作过程中可能出现的风险和纠纷。

（3）法律审核和法律合规

品牌在签订合作协议之前，需要对合作协议进行法律审核，确保其符合法律法规和合规要求。品牌可以寻求专业律师或法律顾问的意见，以确保合作协议的合法性和有效性。

（4）签订合作协议

一旦双方达成一致，品牌和合作对象可以正式签订合作协议。合作协议的签订标志着双方合作关系的正式建立，这为后续合作活动和内容的顺利开展奠定了基础。

3. 合作内容策划

（1）确定合作内容形式

品牌与合作对象需要共同确定合作内容的形式，包括但不限于线上活动、线下活动、内容创作、直播推广等。根据合作目的和受众特点，选择最适合的合作形式。

（2）制订详细的合作计划

在确定合作内容形式后，品牌和合作对象需要共同制订详细的合作计划。合作计划应包括活动时间、内容主题、参与方式、推广渠道、预算等内容，以确保合作活动的顺利进行和预期效果的实现。

（3）设计吸引人的内容主题

品牌和合作对象需要共同设计吸引人的内容主题，以吸引受众的注意力并引发共鸣。内容主题应与品牌核心价值观和受众需求相契合，具有创新性、独特性和吸引力，以确保合作内容的传播效果和影响力。

（4）确定合作内容发布渠道

品牌和合作对象需要确定合作内容的发布渠道，包括社交媒体平台、品牌官网、线下活动场地等。品牌根据目标受众的偏好和行为习惯，选择最适合的发布渠道，以确保合作内容能够有效传播并达到预期效果。

4. 资源支持和保障

（1）提供必要的资源支持

品牌需要为合作活动提供必要的资源支持，包括活动场地、产品样品、宣传材料等。品牌可以根据合作协议约定，提供相应的资源支持，以确保合作活动的顺利进行和预期效果的实现。

（2）确保活动顺利进行

在合作活动进行过程中，品牌需要确保活动能够顺利进行，并提供必要的支持和保障。品牌可以派出专业团队负责活动现场管理和执行，确保活动的顺利进行和受众体验。

（3）及时解决问题和风险

在合作活动进行过程中，可能会出现各种问题和风险，品牌需要及时解决并妥善处理。品牌可以与合作对象密切合作，共同应对问题和挑战，确保活动顺利进行和预期效果的实现。

（三）制订合作方案

1. 明确合作内容和形式

在制订合作方案时，首先需要明确合作的内容和形式，这有助于确保合作活动的目标清晰明确、执行顺利。合作内容和形式应当与品牌的定位和市场需求相契合，同时考虑到合作对象的特点和优势。以下是制订合作内容和形式的几个关键步骤。

（1）确定合作主题和焦点

品牌和合作对象需要共同确定合作活动的主题和焦点。这可以基于品牌的核心价值、产品特点、市场定位等因素，结合合作对象的专长和受众需求，选择合适的合作主题，确保内容与受众的兴趣相契合。

（2）选择合作形式

根据合作内容和受众特点，选择合适的合作形式。这可以包括文字报道、图片分享、视频制作、线下活动等多种形式。例如，如果合作对象是知名博主，可以选择与其合作撰写专题文章或制作视频内容；如果是行业影响力人物，可以邀请其参与线下活动或产品推广。

（3）确定发布渠道和平台

确定合作内容的发布渠道和平台是制定合作方案的重要环节。根据受众特点和合作对象的影响力，选择合适的社交媒体平台、官方网站、线下活动场所等发布合作内容，以确保内容能够有效触达目标受众。

（4）制订内容规划和排期

在确定合作内容和形式的基础上，制订详细的内容规划和排期。明确每个合作环节的时间节点、责任人和执行方式，确保合作活动能够按计划有序进行，达到预期效果。

2. 设定合作目标和指标

设定合作目标和评估指标是制订合作方案的关键步骤，有助于评估合作效果和达成共识。合作目标应当具体明确、可量化，并与品牌的战略目标相一致。以下是设定合作目标和指标的几个重要方面。

（1）明确合作目标

品牌和合作对象需要共同明确合作的具体目标，例如提升品牌知名度、增加产品销售额、拓展用户群体等。合作目标应当与合作内容和形式相匹配，能够有效地实现品牌的战略目标。

（2）设定评估指标

在明确合作目标的基础上，设定相应的评估指标和可量化的数据指标。这些指标可以包括合作内容的曝光量、转化率、用户参与度、品牌影响力等方面，以便在合作结束后对合作效果进行客观评估和分析。

（3）制订评估方法和周期

确定评估合作效果的方法和周期，以便及时监测和调整合作方案。可以采用定量分析、用户调研、数据监测等多种方法，定期进行评估，及时发现问题并采取措施加以解决。

（4）建立共享数据平台

建立品牌和合作对象之间的共享数据平台，确保双方能够及时共享数据和信息，以便对合作效果进行监测和评估。这有助于加强品牌和合作对象之间的沟通和合作，提高合作效率和效果。

3. 规划合作时间和周期

规划合作的时间和周期是确保合作活动顺利进行的重要步骤，有助于合理安排资源和时间，提高合作效率和效果。在规划合作时间和周期时，需要考虑以下几个方面的工作。

（1）确定合作开始时间

根据品牌的营销计划和市场需求，确定合作活动的开始时间。考虑到产品季节性、市场竞争情况等因素，选择合适的时间节点进行合作，以确保合作活动能够最大程度地发挥效果。

（2）制订合作周期

根据合作内容和形式的要求，制订合作的具体周期和持续时间。合作周期可以是短期的单次合作活动，也可以是长期的持续合作关系。根据品牌的需求和合作对象的特点，确定合适的合作周期，以达到长期合作共赢的目标。

（3）安排关键节点和活动

在规划合作时间和周期时，要特别关注合作活动的关键节点和重要活动。这包括合作内容的发布时间、线下活动的举办时间、营销活动的推广时间等。合理安排这些关键节点和活动，有助于确保合作活动能够按计划有序进行，以达到预期效果。

（4）考虑时间成本和资源投入

在规划合作时间和周期时，要考虑到时间成本和资源投入的因素。根据品牌的预算和资源情况，合理安排时间和周期，确保合作活动能够在可控范围内完成，并取得预期效果。

4. 制订预算和资源计划

制订预算和资源计划是确保合作活动顺利进行的关键环节，有助于合理分配资源和经费，提高合作效率和效果。在制订预算和资源计划时，需要考虑以下几个方面的工作。

（1）确定合作经费

根据合作内容和形式的要求，确定合作活动的经费预算。这包括合作费用、宣传推广费用、活动执行费用等方面。根据品牌的预算和市场需求，合理制订经费预算，确保合作活动能够顺利进行。

（2）考虑资源调配

根据合作内容和形式的要求，考虑到人力、物力、财力等资源的调配情况，确保有足够的人力支持合作活动的执行和推广，提供必要的物资和设备，保证合作活动的顺利进行。

（3）制订资源计划

在确定预算的基础上，制订详细的资源计划，明确每个资源的使用方式、数量、来源和分配方式，确保资源的合理利用和充分发挥效益。

（4）预留应急预算

在制订预算和资源计划时，要预留一定的应急预算，应对可能出现的意外情况和突发事件。这有助于应对突发状况，保障合作活动的顺利进行，以确保合作目标的实现。

（四）发挥影响力和传播效应

1. 社交媒体传播

（1）合作内容共同推广

品牌与合作对象可以共同在社交媒体平台上推广合作内容，通过合作双方的影响力和粉丝基础，扩大内容的传播范围和影响力。例如，可以共同发布合作内容的视频、照片或文字，并引导粉丝关注和转发，以提升合作内容的曝光度和扩大传播效果。

（2）利用合作对象影响力

品牌可以充分利用合作对象在社交媒体上的影响力和粉丝基础，通过合作对象的个人账号或官方账号转发、评论或分享合作内容，引导更多粉丝关注和参与合作内容，从而扩大品牌在社交媒体上的影响力和知名度。

（3）定向广告投放

品牌可以在社交媒体平台上通过定向广告投放的方式，针对特定的目标受众群体推广合作内容，提高内容的曝光率和传播效果。品牌通过精准的定向广告投放，能够有效地吸引目标受众的注意力，并促使其参与和分享合作内容。

（4）跨平台传播

品牌可以在多个社交媒体平台上进行合作内容的传播，通过跨平台的推广和分享，实现内容的全面覆盖和传播。

2. 线下传播

（1）参与线下活动

品牌与合作对象可以共同参与线下活动，如展会、产品发布会等，通过现场互动和体验让受众更直观地感受到合作的价值和影响。在现场活动中，合作对象可以与品牌代表共同出席并分享合作内容，并吸引现场观众的关注和参与。

（2）举办活动与演讲

品牌和合作对象可以共同举办专题活动或演讲，分享合作内容的背后故事、理念和成果，进一步提升受众对合作内容的认知和好感度。

（3）线下体验活动

品牌可以与合作对象共同举办线下体验活动，让受众亲身体验合作内容所带来的乐趣和价值，例如，可以组织产品体验活动、创意工坊等，让受众参与其中并感受合作内容的独特魅力，从而加深其对品牌和合作对象的印象和认知。

（4）媒体合作报道

品牌可以与合作对象共同进行媒体合作报道，通过线下媒体的报道和宣传，增强合作内容的曝光度和影响力。例如，品牌可以邀请媒体记者参加合作活动，并撰写相关报道和新闻稿，以便让更多受众了解和关注合作内容。

3. 用户参与和反馈

（1）激发用户参与

品牌与合作对象可以共同设计有吸引力的互动环节，鼓励用户参与合作内容的互动和分享。例如，可以设置在线问答、投票活动或用户调查等，让用户积极参与，并通过分享、评论或点赞等方式表达自己的意见和看法。

（2）关注用户反馈

品牌需要及时关注用户对合作内容的反馈和意见，并积极回应用户的需求和建议。通过与用户的沟通和互动，品牌可以不断改进和优化合作内容，提升用户的体验感和满意度，从而增强品牌与用户之间的信任和忠诚度。

（3）利用用户生成内容

品牌可以利用用户生成的内容作为品牌营销和宣传的素材。用户的亲身体验和分享可以增强合作内容的真实性和可信度。例如，可以将用户生成的内容用于品牌官方网站、社交媒体平台或广告活动，以增强品牌形象和吸引更多用户的关注和参与。

4.品牌形象提升

（1）建立权威形象

品牌与影响力人物和意见领袖的合作能够提升品牌的专业形象和权威性。品牌通过与权威人士的合作，可以向受众传递更专业、可信的信息，提升品牌在行业内的地位和影响力。

（2）增强品牌认知度

品牌与影响力人物和意见领袖的合作可以扩大品牌的曝光度和知名度，吸引更多受众的关注和参与。品牌通过合作对象的影响力和粉丝基础，可以实现品牌形象的全面提升和良好塑造。

（3）树立品牌信任度

品牌与影响力人物和意见领袖的合作可以增强品牌在受众心目中的信任度和好感度。品牌通过合作对象的背书和推荐，能够赢得受众的信赖和支持，从而提升品牌的口碑效应和用户忠诚度。

（4）打造品牌形象符号

品牌与影响力人物和意见领袖的合作可以为品牌塑造独特的形象符号和标识，提升品牌的辨识度和记忆度。品牌通过合作对象的形象代言和推广，可以实现品牌形象的精准定位和塑造，从而吸引更多目标受众的关注和认可。

五、典型案例分析

随着电子商务的飞速发展，服装电商平台在消费者购物行为中扮演着重要角色。品牌形象和宣传策略是服装电商平台成功与否的关键因素之一。独特、一致且吸引人的品牌形象以及有效的宣传策略可以帮助服装电商平台吸引目标消费者、增加市场份额并提高用户忠诚度。

（一）服装电商平台的重要性

服装电商平台在市场扩展、购物便捷性、个性化服务、商品选择、社交互动和数据分析等方面具有重要性，为消费者提供了更多的选择、便捷的购物体验和个性化的服务，也为服装品牌和零售商提供了更广阔的市场和精细化的营销机会。

首先，服装电商平台利用互联网技术，打破了传统实体店面临的地理限制，将商品推向全球市场，为消费者提供了更广阔的购物选择范围。消费者可以随时随地通过电子设备购买服装，无须受限于实体店的开放时间和地理位置。这种市场扩展的方式不仅拓展了服装品牌和零售商的销售渠道，还加速了商品流通和消费者间的交流，进一步促进了全球市场的融合与发展。

其次，服装电商平台利用大数据和人工智能技术，可以根据消费者的购买历史、浏览行为和喜好等信息，提供个性化的商品推荐服务。消费者可以更轻松地找到符合自己品位和需求的服装，提升了购物的效率和满意度。此外，一些电商平台还提供定制服务，消费者可以根据自己的尺寸、喜好和风格定制服装，实现个性化的购物体验。

再次，服装电商平台提供了丰富的社交和用户评价功能，为消费者提供了与其他用户交流、分享购物心得和时尚搭配的平台。消费者可以通过平台上的社交功能了解最新的时尚资讯、参与时尚话题讨论，并从其他用户的购买体验和评价中获取参考和建议。用户评价可以帮助消费者了解商品的质量和实际使用效果，增加了购物的透明度和信任度。

最后，服装电商平台收集大量的用户数据，包括购买历史、浏览行为、喜好等信息，可以进行深度的数据分析和挖掘。平台通过分析这些数据，可以了解用户的需求和偏好，优化商品推荐和营销策略，提供更精准的服务和个性化的购物体验。同时，数据分析也为服装品牌和零售商提供了更加精准的用户定位和市场营销手段，帮助他们更好地了解市场趋势和消费者需求，提高市场竞争力和销售效益。

（二）品牌形象对服装电商平台的影响

品牌形象对服装电商平台具有重要影响，一个积极、一致且符合消费者价值观的品牌形象能帮助品牌获得消费者的信任和认可，增强竞争力，引导购买决策，并提高口碑和社交传播效果。因此，在服装电商平台上，品牌需要注重塑造和维护良好的品牌形象，以获得持续的竞争优势和市场份额。

1. 建立信任和认可

在服装电商平台上，品牌形象的建立对于获得消费者的信任和认可至关重要。由于消费者无法亲自触摸、试穿商品，他们往往通过品牌形象判断商品的质量、风格和可靠性。一个积极、一致且符合消费者价值观的品牌形象能够帮助品牌获得消费者的信任，增强其在消费者心中的认可度，从而提高购买意愿。品牌传递品牌的价值观、品牌故事，能够建立起与消费者之间的信任和情感联系，使其更愿意选择该品牌的商品。

2. 增强竞争力和差异化

在竞争激烈的电商市场中，拥有积极且独特的品牌形象可以帮助品牌增强其竞争力和差异化优势。品牌通过塑造独特的形象，能够在消费者心目中留下深刻的印象，并与其他竞争对手区别开来。一个具有个性化、创新性和引人注目的品牌形象能够吸引更多消费者的注意力，让他们更倾向于选择该品牌的商品，从而提升品牌的市场份额和竞争地位。

3. 提供一致的品牌体验

在服装电商平台上，品牌需要通过一致的品牌体验来加强消费者对品牌的认知和忠诚度。品牌形象不仅体现在品牌的视觉标识和广告宣传中，还体现在网站设计、用户界面、产品展示、服务质量等方方面面。品牌通过提供一致的品牌体验，能够加深消费者对品牌的印象，建立起消费者对品牌的信任和忠诚度。

4. 引导消费者购买决策

品牌形象对消费者的购买决策产生着重要影响。一个积极、吸引人且符合消费者需求的品牌形象能够在消费者心中树立起品牌的美好形象和信赖感，激发其购买欲望。通过品牌故事、品牌使命、品牌代言人等方式，品牌能够与消费者建立起情感共鸣，引导他们做出购买决策，从而增加销售量和市场份额。

5. 影响口碑和社交传播

一个积极的品牌形象通常拥有良好的口碑和社交传播效果。消费者往往愿意分享和推荐那些具有良好形象且用户满意度较高的品牌，从而提升品牌在电商平台上的知名度和声誉。通过积极管理品牌形象，品牌可以影响和塑造消费者对品牌的口碑和社交传播效果，进一步加强品牌的市场影响力和竞争优势。

（三）服装电商平台品牌形象与宣传策略的整合

1. 品牌形象与宣传策略的关系

品牌形象和宣传策略之间存在着密切的关系，它们相辅相成，共同构建了一个服装电商平台在消费者心目中的形象和认知。

首先，品牌形象是通过一系列精心设计的宣传策略来塑造和传达的。这些宣传策略包括品牌故事、广告、营销活动等。品牌通过多种方式向消费者传递品牌的核心价值观、独特卖点和个性特征，从而形成品牌的独特形象。例如，品牌可以通过讲述品牌创立的故事、展示产品的特点和优势，以及与消费者进行互动等方式，塑造出积极、有吸引力的品牌形象。

其次，宣传策略作为品牌形象的传播工具，起着将品牌形象传递给目标消费者的重要作用。品牌通过创造性的视觉、语言和情感表达，能够有效地将品牌的核心理念和形象传达给消费者，引起他们的共鸣和认同。例如，品牌的标志性广告、品牌活动以及与消费者的互动，能够帮助品牌建立起与消费者之间的情感联系，使消费者更加愿意选择和信任该品牌。

最后，品牌形象和宣传策略需要保持一致性和连贯性。宣传策略应该与品牌的核心价值观和个性保持一致，确保传递出的形象与品牌的真实性和可信度一致。这种一致性和连贯性有助于加强品牌形象在消费者心中的认知和记忆，进而提高品牌的忠诚度和市场份额。例如，品牌形象和宣传策略在设计风格、口吻语气、传递信息等方面要保持一致，这样消费者在接触品牌时会感受到一种统一的品牌形象和信息传递。

2. 品牌形象与宣传策略的有效融合

（1）一致的视觉形象和语言风格

在服装电商平台中，一致的视觉形象和语言风格是确保品牌形象与宣传策略有效融合的关键因素之一。

首先，品牌标识和视觉元素的一致性至关重要。品牌标识是品牌形象的核心，包括标志、字体、颜色等元素，它们应该在所有宣传材料中保持一致，以确保消费者能够迅速识别品牌。例如，优衣库的红色商标和简洁的字体是其品牌形象的重要组成部分，在各种宣传渠道上始终保持一致，使消费者能够轻松识别。其次，网站和平台设计的一致性也是必不可少的。品牌的网站设计应与品牌形象相符，包括整体的界面设计、页面布局、图像选择等，以提供一致的用户体验。例如，ZARA 以简洁、时尚的网站设计著称，与其品牌形象完美契合，使消费者在浏览产品时感受到一致的品牌风格。再次，宣传材料中所使用的图片和视频内容也应与品牌形象保持一致。选择与品牌形象相符的主题、场景、模特和服装风格，有助于强化品牌的风格和个性。最后，品牌的声音和语言风格也应与品牌形象一致。品牌在广告语、口号、描述文字等方面应保持一贯的风格和语气，以确保传递的信息与品牌形象一致，进而加强消费者对品牌的认知和记忆。

（2）宣传活动与品牌故事的关联

宣传活动与品牌故事的关联是品牌形象与宣传策略融合的另一重要方面。

首先，品牌故事的讲述是建立品牌认知和情感链接的重要手段。品牌故事可以帮助消费者了解品牌的历史、文化和核心价值观，从而建立起与品牌的情感联系。例如，Nike 通过其“Just Do It”的品牌故事，向消费者传达了勇气、坚持和激情的价值观，激励了无数消费者追求自己的梦想。

其次，在选择宣传活动的主题时，应与品牌故事相呼应。宣传活动的主题应能够反映品牌的核心价值观、文化和理念，与品牌故事产生共鸣。例如，一个注重环保和可持续发展的品牌，可以在宣传活动中强调其对环境保护和可持续生产理念的支持。

再次，宣传活动的视觉表达应与品牌故事产生共鸣。选择与品牌故事相符的视觉元素，可以增强消费者对品牌形象的认知和情感联结。

最后，宣传活动应该与消费者建立情感联结，使其产生共鸣和认同感。宣传活动中的情感化表达、故事性的叙述、感人的场景等，可以吸引消费者的注意力，激发其与品牌的情感互动，从而加深其对品牌的认知和忠诚度。

（3）用户参与和互动的推动

用户参与和互动是推动品牌形象与宣传策略融合的重要方面。

首先，通过社交媒体平台与用户互动是提升品牌形象和宣传策略融合的有效途径之一。品牌可以通过发布有关品牌故事、产品信息、活动通知等内容，积极与用户进行互动，增强品牌与用户之间的沟通和情感联系。例如，品牌可以回复用户在社交媒体上的评论和提问，分享用户的购物体验或时尚搭配，从而促进用户参与和互动，提升品牌的认知度和美誉度。

其次，鼓励用户对购买的产品进行评价和分享是另一个重要的推动因素。用户在电商平台上对产品进行评价和分享，可以帮助品牌收集大量的用户反馈和意见，了解消费者的需求和偏好，进而优化产品设计和服务体验，提升用户满意度和忠诚度。同时，用户生成内容的分享也可以增加品牌在社交媒体上的曝光度，扩大品牌的影响力。

再次，品牌可以通过举办线上线下的促销活动、限时抢购、会员专享等方式，积极推动用户参与和互动。这些活动不仅能够吸引用户的注意力，增加销售额，还可以提升用户对品牌的认知和好感度。例如，品牌可以推出限量款式或特别设计的产品，吸引用户参与抢购，从而提升品牌在消费者心目中的地位和价值。

最后，品牌通过个性化推荐和定制服务，让用户参与产品选择和设计过程，也是促进用户参与和互动的有效手段。品牌通过分析用户的购买历史、浏览行为和偏好，可以向用户提供个性化的产品推荐和定制选项，满足用户的个性化需求，增强用户参与感和忠诚度。例如，品牌可以根据用户的身材尺寸、风格偏好等因素，为用户提供定制化的服装设计和服务，提升用户对品牌的认知和好感度，促进用户参与和互动。

第七章　数据分析与用户感知评估

第一节　数据分析在用户感知研究中的应用

一、数据分析在用户感知研究中的应用方法和技术

数据分析在用户感知研究中扮演着关键的角色，它通过对用户行为、态度和反馈等数据进行收集、整理和分析，帮助企业深入了解用户的感知和认知，从而指导产品改进和营销策略的制订。在用户感知研究中，常用的数据分析方法和技术包括以下内容。

（一）文本挖掘和情感分析

文本挖掘和情感分析是数据分析中常用的技术，用于从用户的文字内容中提取信息并分析其情感倾向。在用户感知研究中，这两种技术能够深入挖掘用户对产品或服务的评价、态度和情感，为企业提供重要的反馈和指导。

1. 文本挖掘

文本挖掘技术旨在从大规模的文本数据中发现隐藏的关联性。在用户感知研究中，我们可以利用文本挖掘技术分析用户在社交媒体、评论平台等渠道发布的文字内容，识别出用户对产品或服务的关键词、热门话题和主要关注点。这些信息可以帮助企业了解用户的关注点和偏好，为产品改进和营销策略提供参考。

2. 情感分析

情感分析技术通过对用户文本内容的分析，识别出其中蕴含的情感倾向，如积极、消极或中性。在用户感知研究中，情感分析可以帮助企业了解用户对产品或服务的态度和情感反馈。企业通过分析用户的情感倾向，可以及时发现用户对产品的满意度、不满意度以及对特定功能或服务的喜好程度，从而指导产品改进和市场定位策略。

（二）用户行为分析

用户行为分析是企业通过分析用户在网站、移动应用等平台上的行为数据，了解用户的浏览、点击、购买等行为模式。

1. 行为路径分析

行为路径分析可以帮助企业了解用户在产品或服务使用过程中的行为轨迹和路径。企业分析用户的浏览、点击和跳转行为，可以发现用户的偏好和兴趣，识别出用户在使用过程中遇到的问题和瓶颈，为产品改进提供参考。

2. 转化率分析

转化率分析是评估用户行为对产品或服务目标的实现程度的指标。企业通过分析用户的转化路径和转化率，可以评估产品或服务的营销效果和用户体验质量。例如，企业分析用户的注册、订阅、购买等行为，可以评估用户对产品或服务的满意度和忠诚度。

（三）用户调研和问卷设计

用户调研和问卷设计是使用定性和定量的研究方法，获取用户对产品或服务的需求、偏好和反馈信息。在用户感知研究中，用户调研和问卷设计可以帮助企业深入了解用户的感知和认知，为产品改进和市场定位提供依据。

1. 定性调研

定性调研方法包括深度访谈、焦点小组讨论等，旨在探索用户的认知、态度和行为背后的原因和动机。企业通过定性调研，可以深入了解用户的需求和期望，发现用户的痛点和诉求，为产品改进提供思路和方向。

2. 定量调研

定量调研方法包括问卷调查（问卷调查样本见附录一）、在线调查等，旨在收集大量用户的反馈数据，并量化用户的认知和态度。企业通过定量调研，可以对用户感知进行量化分析，发现用户群体之间的差异和趋势，为产品改进和市场推广提供数据支持。

（四）关联分析和聚类分析

关联分析和聚类分析是数据挖掘技术中常用的方法，可用于发现数据之间的关联规律和隐藏的模式。在用户感知研究中，这两种方法可以帮助企业发现用户行为数据中的规律性和潜在关联，为个性化营销和产品定制提供支持。

1. 关联分析

关联分析方法可以发现数据中项目之间的关联规律，识别出同时出现的频繁项集。在用户感知研究中，企业可以利用关联分析方法挖掘用户行为数据中的关联规律，发现用户之间的行为模式和关联性。

2. 聚类分析

聚类分析方法将数据分成若干个类别或簇，使得同一类别内的数据相似度较高，不同类别之间的数据相似度较低。在用户感知研究中，企业可以利用聚类分析方法将用户分群，发现不同群体的特征和需求，为个性化营销和产品定制提供支持。

二、数据分析在用户感知研究中的优势和局限性

（一）数据分析在用户感知研究中的优势

1. 客观性和准确性

数据分析基于客观的数据和统计方法，能够客观地反映用户的行为和态度，避免了主观偏见和误判。

2. 实时性和迅速性

数据分析可以实时监测用户行为和反馈，及时发现问题和趋势，为企业提供快速反馈和决策支持。

3. 量化指标和可视化展示

数据分析能够将用户感知转化为可量化的指标和数据，通过图表、报表等形式直观展示，便于企业理解和分析。

4. 深入洞察和发现潜在规律

数据分析可以挖掘用户行为背后的潜在规律和趋势，帮助企业深入了解用户需求和市场动态，发现问题和机遇。

（二）数据分析在用户感知研究中的局限性

1. 数据质量和可靠性

数据分析的结果受到数据质量和来源的限制，数据采集过程中可能存在误差和偏差，会影响分析结果的准确性和可靠性。

2. 局限性和盲点

数据分析只能分析已有数据，无法覆盖所有用户和场景，可能存在一定的局限性和盲点，不能完全代替定性研究和用户调研。

数据分析涉及用户隐私和个人信息，可能引发隐私泄露和伦理问题，需要企业严格遵守相关法律法规和伦理准则，保护用户数据安全和隐私权。

第二节　用户感知评估的指标与方法

一、确定用户感知评估的关键指标体系

用户感知评估的关键指标体系应该涵盖多个方面，以全面衡量用户对产品或服务的感知和认知。

（一）满意度评价

1. 整体满意度评估

整体满意度评估在用户感知评估中占有至关重要的地位。它代表了用户对产品或服务的全面认可程度，是用户体验的综合体现。这种评估并非仅仅关注产品本身的质量和性能，而是涵盖了用户与产品或服务相关的各个方面，包括但不限于产品功能、服务体验、价格合理性、品牌形象等。企业通过对整体满意度的评估，可以全面了解用户对其所提供的产品或服务的认可程度和满意程度，从而为未来的产品改进和服务优化提供了重要的参考依据。

在进行整体满意度评估时，需要考虑用户的整体体验，而不仅仅是单个因素或指标。例如，用户可能会对产品的某些功能感到满意，但如果服务质量不佳或产品价格过高，可能会影响其对产品的整体满意度。因此，评估过程需要综合考虑多个方面，以全面了解用户的感受和需求。

整体满意度评估不仅有助于企业了解用户对产品或服务的认可程度，还可以帮助企业发现存在的问题和改进空间，以提升用户的满意度和忠诚度。此外，企业通过与竞争对手的整体满意度进行比较，还可以了解自己在市场上的地位和竞争优势，为制订营销策略和品牌建设提供参考。

2. 产品质量满意度评估

产品质量的满意度评估在用户感知评估中具有关键性的地位。作为用户购买

产品的主要动机之一，产品质量直接影响着用户的满意度和品牌忠诚度。因此，对产品质量的满意度评估不仅可以帮助企业了解用户对产品质量的感知和认知，还可以为企业提供改进产品质量、提升市场竞争力的重要参考。

3. 服务满意度评估

服务满意度评估在用户感知评估中扮演着至关重要的角色，因为良好的服务体验不仅能够增强用户对品牌的信任感和忠诚度，还能够直接影响用户的整体满意度和品牌形象。因此，对服务满意度的评估不仅有助于企业了解用户对服务质量的感知和认知，还可以帮助企业发现服务中存在的问题和改进空间，从而提升用户的整体满意度。

（二）品牌认知度

1. 品牌知晓度评估

品牌知晓度评估在市场营销和品牌管理中占有重要的地位，它是衡量用户对品牌知晓程度的关键指标之一，也是品牌影响力的直接体现。企业通过评估用户对品牌的知晓程度，可以深入了解品牌在目标用户中的曝光度和认知水平，从而为品牌推广、市场定位以及品牌价值的提升提供重要依据。

品牌知晓度评估的核心在于了解目标用户对品牌的熟悉程度和认知程度。这不仅包括用户对品牌名称的熟悉程度，还包括对品牌相关信息的了解程度，如品牌的产品或服务、品牌的历史和文化、品牌的核心价值观等。企业通过评估用户对品牌的知晓程度，可以识别出潜在用户群体，了解品牌在不同用户群体中的知晓程度，以及品牌知晓度在不同地区、不同市场细分中的差异情况。

除了解用户对品牌的知晓程度外，品牌知晓度评估还可以帮助企业评估自身的品牌形象和竞争优势。知名度高的品牌往往能够吸引更多的目标用户的关注和认可，提高品牌的市场占有率和竞争力。因此，企业通过评估品牌知晓度，可以了解自身在市场上的地位和影响力，为制订品牌推广策略和市场营销计划提供参考依据。

在实施品牌知晓度评估时，企业可以采用多种方法和途径。例如，通过市场调研、定期问卷调查、网络舆情监测、品牌活动的参与度等方式收集用户数据和反馈意见，从而全面了解用户对品牌的知晓程度和认知水平。

2. 品牌认可度评估

品牌认可度评估在市场营销和品牌管理中扮演着至关重要的角色。除品牌知晓度外，品牌认可度是另一个关键指标，它直接反映了用户对品牌的认可程度和信任度。高品牌认可度意味着用户对品牌的产品或服务具有信任感，这对于品牌的长期发展和市场竞争至关重要。

（三）用户体验评价

1. 使用体验评估

用户体验评估是产品设计与服务提供过程中的一项重要工作，其核心在于了解用户在使用产品或服务过程中的感受和体验。用户体验直接影响用户的满意度和忠诚度，因此，企业通过对用户使用体验的评估，可以深入了解用户的需求和期望，发现问题并及时改进，从而提升产品或服务的竞争力。

2. 用户界面评估

用户界面评估在产品设计和服务提供过程中扮演着至关重要的角色。用户界面设计作为用户与产品或服务交互的主要方式，直接影响着用户的使用体验和满意度。因此，对用户界面的评估可以帮助企业了解用户对界面设计的满意程度，发现用户体验的改进空间，进而提升用户的整体体验和满意度。

（四）口碑评价

1. 社交媒体口碑评价

社交媒体已经成为用户之间交流和信息传播的重要平台，用户在这些平台上发表的口碑评价直接影响着品牌形象和市场声誉。因此，企业通过对社交媒体口碑的评估，可以深入了解用户对产品或服务的公众形象和市场反响，以及用户的满意程度和诉求，从而及时调整营销策略和品牌传播方向，提升品牌的影响力和竞争力。

2. 网络论坛口碑评价

网络论坛作为用户相互交流的重要场所，承载着大量用户对产品或服务的口碑评价和意见交流，反映了用户在实际使用过程中的真实感受和评价，对于企业了解用户需求、发现问题、改进产品和服务具有重要价值。企业获取真实的用户反馈和体验，发现存在的问题并及时改进，提升用户体验和满意度，可以增强品牌竞争力和市场地位。因此，企业应该重视网络论坛口碑评价，加强对口碑信息的监测和分析，以便更好地满足用户需求，提升品牌价值和市场地位。

（五）忠诚度指标

1. 重复购买率评估

重复购买率是企业衡量用户忠诚度和产品或服务受欢迎程度的重要指标之一。它反映了用户对品牌的信任和满意度，以及他们是否愿意持续购买和使用特定产品或服务的意愿。高重复购买率通常意味着用户对产品或服务的质量、性能、价格以及与品牌的关联性等方面感到满意，从而愿意再次购买，这对于企业来说是品牌发展和长期盈利能力的重要保障。

2. 品牌忠诚度评估

品牌忠诚度是用户对品牌情感连接和长期支持的度量，代表了用户对品牌的忠诚程度，反映了用户对品牌的认同感、信任感以及对品牌所传达价值观的认可程度。品牌忠诚度评估旨在帮助企业了解用户对品牌的忠诚程度和忠诚行为，为企业制定相应的用户保留策略和品牌促进计划提供重要参考。

品牌忠诚度评估通常涉及多个维度，包括用户的购买行为、再购买意愿、口碑传播、品牌推荐等。

首先，企业分析用户的购买频率、购买金额以及购买产品的稳定性，可以了解用户对品牌的偏好程度和忠诚度水平。

其次，当用户对品牌感到满意并认同其产品或服务时，他们更倾向于在未来的购买行为中选择同一品牌，这体现了用户对品牌的忠诚程度和信任度。

最后，口碑传播也是评估品牌忠诚度的重要方面。忠诚度高的用户往往会成为品牌的忠实拥护者和品牌大使，并积极向他人推荐品牌和分享自己的购买体验，从而促进品牌口碑的传播和提升品牌影响力。

（六）投诉和退订率

1. 投诉率分析

投诉率是衡量用户对产品或服务不满意程度的重要指标之一。高投诉率可能意味着产品或服务存在质量问题、服务不周等方面的不足，需要引起企业的高度重视并及时改进。

2. 退订率分析

退订率是衡量用户流失情况的重要指标之一。高退订率可能意味着用户对产品或服务不满意。企业通过分析退订率，可以了解用户流失的原因，并采取相应措施改进产品或服务，以便减少用户流失，提升用户满意度和忠诚度。

（七）关键路径分析

1. 用户行为路径追踪

关键路径分析是企业通过追踪用户在产品或服务使用过程中的关键路径和行为，分析用户流失和转化情况，了解用户在产品或服务使用过程中的关键节点和行为，发现改进用户体验的方法，从而优化产品设计和用户体验，提升用户满意度和忠诚度。

2. 用户转化率分析

用户转化率是衡量用户从产品或服务的访问到最终转化的比例，是评估产品或服务营销效果的重要指标之一。企业通过对用户转化率的分析，可以了解用户在产品或服务使用过程中的转化情况，并优化营销策略和用户体验，提升用户转化率和品牌价值。

二、常用的用户感知评估方法和工具

（一）问卷调查

1. 设计问卷

问卷调查（见附录二）是一种常见的用户感知评估方法。企业通过设计针对用户感知和认知的问卷，收集用户的意见和反馈，从而获取用户对产品或服务的整体评价。在设计问卷时，需要注意问题的清晰度、逻辑性和针对性，以确保获取准确和有用的信息。

2. 问卷发放

问卷可以通过在线调查平台、邮件、社交媒体等渠道进行发放。企业在发放问卷时，可以根据目标用户群体选择合适的渠道和时间，提高问卷的回收率和有效性。

3. 数据分析

企业收集到问卷数据后，需要进行数据分析，以获取用户对产品或服务的整体评价和具体反馈。企业通过数据分析，可以了解用户的满意度、偏好、需求等信息，为产品改进和服务优化提供参考依据。

（二）深度访谈

1. 访谈准备

企业在进行深度访谈之前，需要确定访谈的主题、目标用户群体，准备访谈的问题，制订访谈大纲，以保证访谈有效进行。

2. 面对面访谈

深度访谈通常采用面对面的方式进行。在访谈过程中，主持人需要倾听用户的观点和反馈，逐步深入探讨用户的感受和需求，获取更加真实和深入的用户洞察。

3. 数据整理和分析

完成访谈后，企业需要对访谈内容进行整理和分析，提炼出关键信息和见解。深度访谈所获取的用户反馈可以为企业产品设计和服务优化提供重要的参考和指导。

（三）观察法

1. 观察用户行为

企业通过直接观察用户在实际使用场景下的行为和反应，了解用户对产品或服务的实际体验和需求。观察可以在实验室环境中进行，也可以在用户日常生活中进行，以便获取真实和可靠的观察数据。

2. 记录观察结果

企业在观察过程中需要记录用户的行为和反应，包括使用过程中的动作、表情、反应等，以深入了解用户对产品或服务的实际使用情况和体验感受。

3. 分析观察数据

企业对观察数据进行分析和整理，提炼出关键信息和见解。通过观察法所获取的用户反馈可以为产品设计和服务优化提供重要的参考和指导。

（四）网络舆情监测

企业可以利用舆情监测工具对网络上用户对产品或服务的评价和讨论进行实时监测和分析。常用的舆情监测工具包括社交媒体监测工具、网络论坛监测工具等。

企业通过对舆情数据的分析，可以了解用户对产品或服务的整体评价和市场反应。根据舆情分析结果，企业可以及时调整营销策略、改进产品设计，以提升用户满意度和品牌声誉。

（五）用户体验测试

1. 设计测试方案

企业在进行用户体验测试之前，需要设计详细的测试方案，确定测试的目的、测试的内容和测试的指标，以便全面评估用户的体验感受和需求。

2. 实施测试

企业将用户置于实际使用环境中，观察和记录用户在使用过程中的行为和反应，评估用户的使用体验和满意度。测试可以在实验室环境中进行，也可以在用户日常生活中进行，以便获取真实和可靠的测试数据。

3. 数据收集和分析

在用户体验测试过程中，企业需要收集用户的行为数据、反馈意见以及使用过程中的体验数据。这些数据可以通过观察、记录用户行为、用户反馈表等方式进行收集。收集完数据后，需要进行数据分析，从中提取用户体验的关键问题和改进建议。

4. 结果呈现

企业根据数据分析的结果，制作用户体验测试报告或可视化展示，将用户的反馈和建议呈现给产品设计团队和决策者。报告中应包括用户体验的优点、不足之处以及改进建议，以便后续对产品进行改进和优化。

（六）数据分析

1. 数据收集

企业通过用户行为分析工具、网站分析工具、调查问卷等方式收集用户数据。这些数据可以包括用户访问行为、使用时长、页面停留时间、点击量、转化率等指标，以及用户对产品或服务的评价和反馈等信息。

2. 数据清洗和处理

收集到的数据需要清洗和处理，包括数据去重、缺失值处理、异常值处理等步骤，以保证数据的质量和准确性。

3. 数据分析方法

常用的数据分析方法包括描述性统计分析、相关性分析、回归分析、聚类分析、因子分析等。这些方法可以帮助企业深入了解用户行为和反馈数据之间的关系，发现用户的偏好和需求。

4. 结果解读和应用

企业根据数据分析的结果，对用户感知和认知进行解读，并提出相应的应对策略和改进建议。数据分析的结果可以为产品设计、营销策略和服务优化提供重要的参考依据，帮助企业更好地满足用户需求和提升用户体验。

三、基于数据驱动的用户感知优化策略

基于数据驱动的用户感知优化策略旨在通过分析用户数据和行为，针对用户感知中存在的问题和瓶颈，制订相应的优化策略，以提升用户体验和满意度。

（一）个性化推荐系统优化

1. 数据收集和分析

企业可以利用用户历史行为数据、偏好信息等，建立个性化推荐系统所需的数据集。企业通过分析数据了解用户的浏览习惯、偏好和行为模式，为优化推荐算法提供数据支持。

2. 算法和模型优化

企业基于收集到的用户数据，不断优化个性化推荐系统的算法和模型，提升推荐准确度和个性化程度。采用机器学习、深度学习等技术，不断迭代优化推荐算法，以满足用户个性化需求。

3. 实时反馈和调整

企业可以建立实时监控机制，监测个性化推荐系统的性能和效果，根据用户反馈和系统数据，及时调整算法参数和模型结构，以保持推荐系统的有效性和准确性。

（二）界面和交互设计优化

1. 用户行为分析

企业利用用户行为数据和界面交互记录，分析用户在界面上的点击热图、浏览路径等信息，发现用户在界面交互中存在的问题和瓶颈。

2. 设计优化方案

企业根据用户行为分析结果，有针对性地设计界面和交互优化方案，优化包括调整页面布局、优化按钮设计、改进交互流程等，以提升用户体验和操作便捷性。

3. 用户反馈收集

企业建立用户反馈渠道，收集用户对界面和交互设计的意见和建议，结合用户反馈和行为数据，不断完善界面和交互设计，满足用户需求和提升用户满意度。

（三）内容优化和个性化定制

1. 用户兴趣分析

企业利用用户行为数据和偏好信息，分析用户的兴趣和偏好，通过点击记录、浏览历史等数据，了解用户的兴趣领域和关注点。

2. 内容个性化定制

企业根据用户兴趣和偏好，优化产品或服务的内容呈现和个性化定制，推荐符合用户兴趣的文章、视频、产品等内容，提高用户的阅读和浏览体验。

3. 实时更新和优化

企业建立内容更新和优化机制，根据用户反馈和行为数据，实时更新和调整内容推荐策略，以保持内容的新鲜性和吸引力，提升用户的黏性和满意度。

（四）客户服务和售后支持优化

1. 投诉和反馈分析

企业收集用户的投诉和反馈信息，分析用户的需求和问题点。通过对投诉和反馈数据的挖掘，了解用户对客户服务和售后支持的期望和不满。

2. 流程和服务优化

企业根据投诉和反馈分析结果，优化客户服务和售后支持流程，提升服务响应速度、解决问题的效率，增强用户体验和满意度。

3. 持续改进和学习

企业建立持续改进和学习机制，定期评估客户服务和售后支持的效果，通过用户满意度调查、客户反馈等方式，收集用户意见和建议，不断优化服务质量和提升用户满意度。

（五）社交媒体口碑管理优化

1. 监测和分析

企业利用社交媒体监测工具，监测用户在社交媒体上的评论和评价，通过分析用户的言论和情感，了解用户对产品或服务的态度和评价。

2. 及时回应和解决

企业应及时回应和解决用户在社交媒体上提出的问题和反馈，建立专门的社交媒体客服团队，负责处理用户的问题和投诉，保护品牌形象和用户满意度。

3. 引导和促进

企业应积极引导正面口碑，通过用户案例分享、开展优惠活动等方式，促进用户积极参与和传播品牌正能量。企业还可以建立用户社群，增强用户互动和归属感，提升用户忠诚度和满意度。

参考文献

[1] 喻国明.镶嵌、创意、内容：移动互联广告的三个关键词——以原生广告的操作路线为例[J].新闻与写作，2014（3）：48-52.

[2] 蔡骐，刘维红.对传播学中使用与满足理论的再探索[J].湖南大众传媒职业技术学院学报，2004，4（1）：5-10.

[3] 曹钦，原辰辰."使用与满足"理论文献综述[J].东南传播，2013（12）：18-20.

[4] 钱洁，潘洪涛.用户生成内容使用与满足对品牌态度的影响研究——以音视频类用户生成内容为例[J].财贸研究，2012（3）：105-115.

[5] 王晰巍，刘伟利，贾沣琦，等.网络直播APP使用行为影响因素模型及实证研究[J].图书情报工作，2020（5）：22-31.

[6] 刘平胜，石永东，林炳坤.电商直播背景下社群互动信息对用户购买意愿的影响[J].企业经济，2020，39（9）：72-79.

[7] 王蓉.消费者感知风险对冲动网购行为的影响：理论与实证[J].商业经济研究，2020（12）：46-50.

[8] 孟陆，刘凤军，陈斯允，等.我可以唤起你吗——不同类型直播网红信息源特性对消费者购买意愿的影响机制研究[J].南开管理评论，2020，23（1）：131-143.

[9] 李亚琴.电商平台用户评论有用性研究回顾与展望[J].商业经济研究，2019（21）：79-81.

[10] 谢光明，蒋玉石，石纯来.考虑禀赋效应调节作用的网络口碑离散对消费者购买意愿的影响[J].管理学报，2019，16（3）：425-455.

[11] 张艳丰，李贺，彭丽徽，等.在线用户评论行为时效特征影响因素实证研究[J].现代情报，2019，39（1）：60-77.

[12] 石夫磊，王传生.网红电商获利影响因素的系统动力学仿真研究[J].财经问题研究，2018（10）：66-72.

[13] 赵建彬.在线品牌社群互动信息对潜水顾客购买意愿的影响[J].中国流通经济，2018，32（6）：71-82.

[14] 杜笛.档案文化创意产品开发的现状与策略研究[J].兰台世界，2019（12）：43-46.

[15] 王玉珏，洪泽文，李子林，等.档案文化创意产品开发的理论依据[J].档案学研究，2018（4）：52-58.

[16] 周林兴，魏亮亮，艾文华.用户画像视角下档案馆知识服务推荐机理研究[J].档案管理，2019（5）：8-12.

[17] 王贞.档案文化创意产品的开发[J].中国档案，2015（1）：70-72.

[18] 余孟杰.产品研发中用户需求画像的数据建模[J].设计艺术研究，2014（6）：62-64.

[19] 高广尚.用户画像构建方法研究综述[J].数据分析与知识发现，2019（3）：25-35.

附　录

附录一　问卷调查样本

亲爱的参与者：

感谢您参与我们的问卷调查。您的意见对我们改进产品和提升服务质量至关重要。请您认真填写以下问题，您的回答将帮助我们更好地了解用户的需求和偏好。

1. 个人信息

1.1　您的年龄是？（请选择适用的年龄段）

18 岁以下□

18~25 岁□

26~35 岁□

36~45 岁□

46~55 岁□

56 岁以上□

1.2　您的性别是？（请选择）

男性□

女性□

其他□

1.3　您的职业是？（请选择或填写）

学生□

白领 / 上班族□

自由职业者□

企业主 / 创业者□

其他，请填写 ________

2. 产品使用情况

2.1　您使用我们公司的产品/服务的频率是？（请选择）

每天□

每周□

每月□

偶尔□

从未使用过□

2.2　您对我们的产品/服务的整体满意度如何？（请在下面的满意度评分中选择适用的分数）

非常不满意（1）—非常满意（5）

2.3　您最喜欢我们产品/服务的哪个方面？请简要描述。

____

____

2.4　您认为我们产品/服务需要改进的地方有哪些？请简要描述。

____

____

3. 市场定位

3.1　您是如何知晓我们公司的产品/服务的？（请选择所有适用选项）

朋友/家人推荐□

网络广告□

社交媒体宣传□

电视/广播广告

其他，请填写 ________

3.2　您觉得我们的产品/服务价格是否合理？（请选择）

合理□

有点偏高□

过高□

不清楚□

3.3　您是否愿意向他人推荐我们的产品/服务？（请选择）

是□

否□

可能□

请在下面的空白处提供任何其他意见或建议：

感谢您抽出宝贵时间填写本问卷！您的反馈对我们非常重要。

附录二　用户感知评估问卷

尊敬的用户：

感谢您抽出宝贵的时间填写本问卷，您的反馈对我们改进产品或服务至关重要。请您根据您的实际体验和感受，如实填写以下问题。

1. 请问您对我们提供的产品/服务的整体满意度如何？（请在以下选项中选择一个）

（1）非常满意

（2）比较满意

（3）一般

（4）不太满意

（5）很不满意

2. 您对产品/服务的质量满意吗？（请在以下选项中选择一个）

（1）非常满意

（2）比较满意

（3）一般

（4）不太满意

（5）很不满意

3. 您对我们的客户服务满意吗？（请在以下选项中选择一个）

（1）非常满意

（2）比较满意

（3）一般

（4）不太满意

（5）很不满意

4. 您认为我们的产品 / 服务价格是否合理？（请在以下选项中选择一个）

（1）完全合理

（2）比较合理

（3）一般

（4）不太合理

（5）完全不合理

5. 请问您对我们的品牌知晓程度如何？（请在以下选项中选择一个）

（1）非常了解

（2）比较了解

（3）一般

（4）不太了解

（5）完全不了解

6. 您是否愿意推荐我们的产品 / 服务给您的朋友或家人？（请在以下选项中选择一个）

（1）是，我会推荐

（2）否，我不会推荐

7. 请问您对我们产品 / 服务的改进意见或建议是什么？

____

____

感谢您的参与！

请您填写完毕后将问卷交回，我们会认真分析您的反馈，并不断改进我们的产品 / 服务质量。